湛庐文化 Cheers Publishing

a mindstyle business

与 思 想 有 关

U0951730

手把手教你玩脱口秀

STEP BY STEP TO STAND-UP COMEDY

[美] 格雷格·迪安（Greg Dean）◎ 著
程 璐 冯立文 梁海源 ◎ 译

浙江人民出版社
ZHEJIANG PEOPLE'S PUBLISHING HOUSE

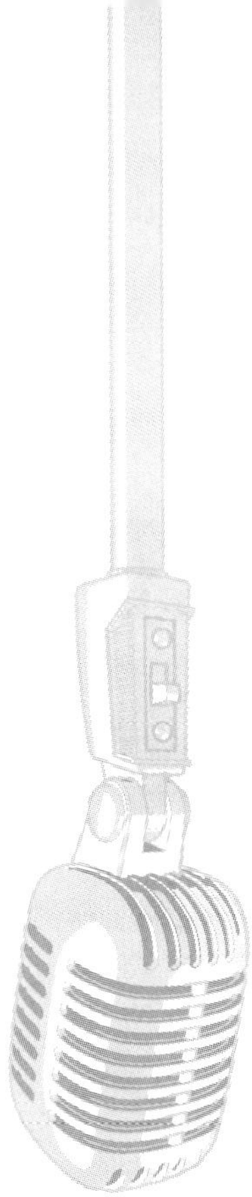

献给我的母亲——

我还能听到你的笑声。

让生活的庸常瞬时生动

《吐槽大会》主持人　张绍刚

给这本书写序，紧张死，就像人家米其林大厨出了一本菜谱，旁边一吃货腆着脸要给人家写序一样，何德何能啊？关键多容易闹笑话！让你写吧，丢人呢？不让你写吧，都张嘴了，怎么也得给点面儿。于是，就有了这篇战战兢兢的序。

为了不丢人，讲几个故事得了。

第一回说脱口秀，是 2016 年的夏天，《吐槽大会》，主咖是吴宗宪宪哥，我以他朋友的身份当嘉宾。过程非常磨难。首先，我的槽点太多，黑得发亮，处于全国领先行列，不知道上了台会被大家糟蹋成什么样子。其次，之前没说过，现场跟演出似的，不停机不补录，说不好，就更黑！提前两天开始熟悉稿子，第一感觉，我靠，这谁写的，怎么想的，好好笑！然后，一对不认识的男女出现在面前，让我说给他们听。接下来，就是摧毁式的体验了："张老师你这儿别停顿，一停就露'底'了。""张老师这儿您能柔和点儿吗？现在的语气跟骂人似的。""张老师您能加快点儿语速吗？您这不是主持节目，是脱口秀表演。”等等等等，不一而足。整个过程，女老师眼神果敢刚毅，不容置疑，男老师则绝不置疑，完美地阐释了教授和助教的人物关系。而我，瞬间，原本就不多的自信索性荡然无存，一个以讲话为职业的人，生生被批得体无完肤，你开始怀疑，自己配不配吃这碗饭。上场前，手脚冰凉，哆嗦，迈不开腿，严格按照两位老师的要求完成，真的不知道说得好不好，因为直到现在也没敢看过，不过两位老师说还不错。这是我的第一次，并且由此认识了王思文和程璐两位老师。

后来机缘巧合，开始主持《吐槽大会》，老师们的培训越来越严格，要求越来越多，教授和助教一如既往地默契，而我也变得越来越聪颖，然后自信回来了一些。跟编剧们有了更多的接触，发现有趣的灵魂真的千姿百态，不过仍然不知道他们是用哪部分的脑子才能想出来这么多匪夷所思的笑话，重点是，逻辑严密、层次丰富，于是笑话就更好笑。

2017 年 4 月，我邀请笑果文化的表演者和编剧，在北京的几所高校做巡演，所到之处，现场都跟要爆炸似的，笑到头疼。由此认识了梁海源，一个普通编剧，长得很有欺骗性，像受气包一样唯唯诺诺，但是一张嘴，各种梗喷薄而出，猝不及防，刚反应过来，他已经像被人欺负过一样，贴墙根儿走了。连续几场下来，我最大的好奇是，这些梗到底怎么来的，思考依据是什么，究竟有没有方法论。程璐和海源说，他们翻译过一本书，就是最简单的行业入门思路搭建书，可惜没人给出，自筹资金印了几百本，据说已经绝版了。就是各位拿着的这本《手把手教你玩脱口秀》。不过那个版本因为错字连篇，所以很有保存价值。

再接下来，做《脱口秀大会》、《吐槽大会》第二季，越来越多的人知道了这帮写并说着脱口秀的人们，知道了脱口秀这种语言形式，知道了原来它在中国同样能够落地生根，还有越来越多的人愿意尝试着自己写写、自己说说，好像到了这本书重出江湖的时候了。

以上都是冠冕堂皇的说法，关键是，他们红了，有人愿意给他们重新出版了。

即便不想说脱口秀，也没有人不想让自己说话变得有意思吧，想象一下，沉闷的饭桌上，您触景生情，随口来一段子，顿时全桌的美女觉得原来你是如此有趣之人，当然，不排除同在桌上的领导再次印证了你以前留给他的嘴快舌长的恶劣印象。

所以，看这本书有风险，它可能让你加倍的有趣，也可能会让你加倍的讨人厌。看您自己何去何从了。

最让人高兴的是，一种文化形式可能通过节目和这本书，让更多的人了解到，脱口秀的核心是好笑，而不是中心思想；谁没事说完了话还总结中心思想，除了领导。

时至今日，我都不算会说脱口秀，因为我不会写；所以更崇拜那些创作者们，让生活的庸常能瞬时生动。他们都说，这本书好。

最后，表达一下我的立场：本书书名很诡异。脱口秀是说的，为啥要手把手地教？！真要教，也得是 ~ 把 ~ 吧。

这好像是一个烂梗！

脱颖而出的喜剧教材

史蒂夫·艾伦（Steve Allen）[1]

关于喜剧的教材多如牛毛，一毛钱就能买到一打，我自己也写过两本。但有些书是可以在同类书籍中脱颖而出的，例如格雷格·迪安的这一本。

迪安的书里提供了非常有益的指导，很多都是我过去苦心孤诣才学到的教训，我真希望那时候就有这样的书籍。

我们大部分人都不曾想过对电视修理工、脑科医生，或者芝加哥灰熊队的防守队员提出专业的建议，但显然我们都认为自己够资格对艾迪·墨菲、杰克·梅森或者丹尼斯·米勒[2]提建议。

相反，格雷格·迪安知道自己的专长在哪里，对于观众认为什么样的故事才有趣，他在书里提供了非常详尽而有价值的建议。

---

① 美国著名的电视主持人，《今夜秀》（*The Tonight Show*）的第一任主持，同时也是音乐家、作曲家、作家和演员。

② 皆为著名的喜剧演员。本书所有脚注均为译者注。

你想知道原汁原味的英文段子长啥样吗?

扫码下载“湛庐阅读”APP,
搜索“手把手教你玩脱口秀”
获取原书精彩段子示例及更多彩蛋。

什么是彩蛋

彩蛋是湛庐图书策划人为你准备的更多惊喜,一般包括①测试题及答案②参考文献及注释③延伸阅读、相关视频等,记得“扫一扫”领取。

STEP BY STEP TO STAND-UP COMEDY

目录

STEP BY STEP TO STAND-UP COMEDY

你具备成为脱口秀演员的条件吗?

◎你搞笑吗?

◎经常因为上课乱插话被老师留堂?

◎会模仿老板?

◎人们经常会奇怪地看着你?

◎你有奇葩的生活经历吗?

◎你是否在“不合群俱乐部”里特别合群?

◎小时候脑袋被踢过?

◎你喜欢逗人笑吗?

◎在幼儿园不顾老师制止说个不停?

◎因为模仿老板被炒?

如果你对其中任何一个问题的回答是 Yes，恭喜你，你得了“笑话上瘾症”。不过你可以去吃点药，恢复成慢性幽默。

你可能会想：“那些专业的脱口秀演员太强了！”确实如此，但是你跟他们相比只是少了一些知识和经验而已，这些都是可以弥补的。他们原来跟你一样。和任何行业的成功者一样，他们经过不断努力获得成功。但是你有你的优势，那就是这本不可或缺的指南，手把手带你迈入职业喜剧演员的殿堂。

所以如果你想成为专业的喜剧演员，请继续阅读……

01

笑话结构的秘密

STEP BY STEP TO STAND-UP COMEDY

什么是笑话？问得好！大多数人会把笑话定义为让人发笑的话或事。这个定义虽然正确，但并没有真正告诉我们什么是笑话，它只是描述了应有的效果。如果同一个笑话，有时候讲出来会让大家爆笑，但有时候又会很冷场，那么它还是一个笑话吗？

人们通常以是否引人发笑作为识别笑话的标准。为什么呢？因为人们会通过一些固有的、与生俱来的结构来作出判断。可惜的是，还没有人把这一结构清晰地表达出来，但这将马上成为历史。阐述笑话的结构正是这一章的主要内容。

铺垫和笑点

让我们从很多人已经知道的内容开始讨论笑话。传统上，笑话可分为两部分：铺垫和笑点。如 A. 惠特尼·布朗（A. Whitney Brown）的这个笑话：

我前两天去看望了奶奶……可能是最后一次了……噢，她倒不是病了还是怎么样，只是她让人无聊到爆啊。

为了更好地阐释笑话的结构，我设计了一种视觉辅助方式，我将之命名为笑话图解。下面我们就把这个笑话放在图解 1 中，来更加清楚地了解铺垫和笑点。

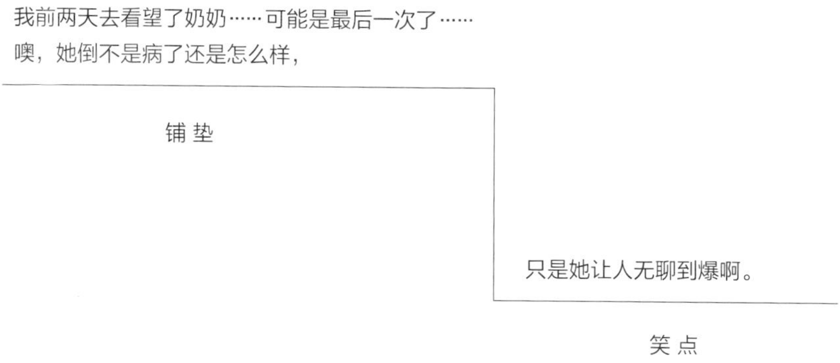

图解 1

我们通常把铺垫和笑点定义为：铺垫是笑话的第一部分，为笑点做准备；笑点是笑话的第二部分，让人发笑。这样解释很好，但是有一个小问题：这并没有解释出什么东西。我们接下来看看如何能够做得更好。

预期和意外

铺垫和笑点与预期和意外直接相关。以下面史蒂夫·马丁（Steve Martin）的笑话为例，注意铺垫是如何让你产生预期的。

性是世界上最美、最有益健康和最自然的事情之一，

然后看看笑点是如何制造意外的。

用钱可以买得到[①]。

① 原文为："Sex is one of the most beautiful, wholesome, and natural things that money can buy."

这时候你可能会想：“就是这样吗？预期和意外？这有什么大不了的？”要点在于，笑话要有效果，必须能让你感到意外。但如果不能让你先形成预期就不可能让你感到意外。这就是笑话所做的事：让你预期一件事情，然后用另外一件事情制造意外。所以，以下是修正后的定义。

铺垫制造预期。
笑点揭示意外。

如果明白了这一点，是不是就可以写出好笑话了呢？错！只了解笑话做了什么是不够的，还要知道笑话是如何做的。

笑话的原理

在 1985 年 10 月出版的《今日心理学》杂志（*Psychology Today*）中一篇题为“笑话”的文章里，维克托·拉斯金（Victor Raskin）提到一种“基于剧本的语义学幽默理论”，该理论提出“句子笑话”有两个剧本。但因为它是一种语义学理论，其应用对象仅限于词语及其暗含意义，无法全面应用于肢体喜剧和非语言喜剧。我将拉斯金的术语“剧本”改为“故事”，这样就可以把这一概念应用于所有幽默形式，而不仅仅是语言类笑话。透过拉斯金的这一理论，我发现了笑话结构的第一部分。笑话图解的演进也是从这一发现开始的。

脱口秀秘诀 01 ▶

笑话需要两条故事线

STEP BY STEP TO STAND-UP COMEDY

笑话的铺垫部分在我们的头脑中创造“故事1”，让我们产生预期，之后笑点用合乎情理而预期之外的“故事2”制造意外。例如，想象一个男脱口秀演员，万分沮丧地讲下面这个笑话。

（伤心地）我老婆和我最好的朋友跑了，天啊，我好想这个哥儿们啊。

铺垫创造了故事1：我老婆和我最好的朋友跑了。我们期待故事会顺着这个主题往下走，所以当笑点呈现第二个故事时我们会感到意外：一个男人很伤心，因为他想他哥儿们。

将这个笑话放在图解2中，你就能清楚地看到铺垫和笑点是如何创造和呈现两条故事线的。

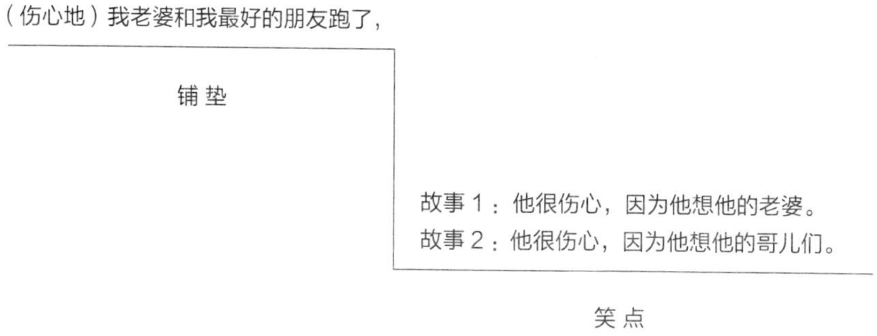

图解2

如果笑话没有两条故事线，它就不是笑话。所以，如果笑点没有揭示出第二条故事线，你得到的就是单个故事，而不是笑话。例如下面的例子。

（伤心地）我老婆和我最好的朋友跑了，天啊，我好想她啊。

这并不能算是笑话。开始说一个男人想老婆，结束时也在说同一件事。没有故事2，就没有意外。没有意外就不是笑话。

铺垫和故事 1

故事 1 和铺垫有什么区别呢？事实上，在笑话结构中，这两个元素有不同的功能。作为笑话的第一部分，铺垫是让观众产生预期的话或行动。仅此而已。而故事 1 是以铺垫为基础，由观众想象出来的、符合预期的具体情境。下面用一个标准老段子解释一下。

40 年的婚姻中，我一直深爱着同一个女人。如果被我老婆发现了，她会杀了我的。

当脱口秀演员说“40 年的婚姻中，我一直深爱着同一个女人”时，这句话仅仅是铺垫。观众听到铺垫会想象一个更为具体的故事 1。因为故事 1 是观众在头脑中想象的，我无法完全知道每个人想象的具体情境，我的故事 1 如下。

这个男人在炫耀自己多么爱老婆。在他们共度的 40 年时光里，他们的生活丰富多彩，能够包容彼此的不同，保持幸福。他从未背叛她，并打算和她共度余生。

这差不多是大多数人都会想到的故事。你可以看得出来，故事 1 比铺垫要详细得多。那这些细节从何而来呢？

这个更具体的故事是在铺垫信息的基础上，通过假设构建而来的。假设能够让我们在信息有限的情况下搞清状况。根据我们的生活经验，我们会不断作出这种猜测。所以，故事 1 自然会比铺垫包含更多的信息。

笑点和故事 2

笑点和故事 2 的关系类似于铺垫和故事 1 的关系。作为笑话的第二部分，笑点是让观众意外的话语或动作。根据笑点，观众会想象一个更为具体的故事 2，故事 2 与铺垫相匹配，但又打破预期。还是用同一个笑话的笑点为例，“如果被我老婆发现了，她会杀了我的”，下面是我的故事 2。

虽然婚姻很糟糕，但这个男人没有离婚。为了寻求快乐，他找了个小三，并且小三愿意保持这种关系，所以虽然他没有离婚，小三还是跟了他 40 年。他一直害怕老婆会发现这段长达 40 年的外遇，这样会让他原本糟糕的生活雪上加霜。

同样，故事 2 是比笑点要详细很多的情境。你的版本可能略有不同，但故事的核心基本一致。

我想要强调的是，笑话包含的信息比铺垫和笑点的字面意思要多得多，这些信息是我们通过假设得来的。那什么是假设呢？抱歉，我假设你知道。假设可以是基于想当然、推测、猜想、预测、理论总结、固有习惯得来的任何想法。

脱口秀秘诀 02 ▶

任何你想象它存在，但无法感知到的东西，都是假设

STEP BY STEP TO STAND-UP COMEDY

任何你无法看到、听到、碰到、尝到、闻到的东西都是以假设的形式存在的。它们有可能确实存在，但你没有直接的证据证明，你在作假设。我们之所以作假设，是因为人类有一个深层次的需求，即把事情弄明白。如果有事情不明白，我们会加入信息来搞清楚，我们会基于过去的体验作假设。

作假设并不是坏事。事实上，它是完全有必要的。想象一下，如果这个世界没有假设，你走楼梯的时候就得非常小心地测试每一步，看看楼梯到底能不能承载你的重量。你得观察每个东西的背面，保证背面还在那里。你得经常照镜子来确定你还是个人类。你每年得给税务局打电话，确定他们是否还要收钱。明白了吗？

我们的视角会限制我们直接体验的信息，我们会用假设填补这一空隙，这使

我们可以因假设之外的东西而感到意外。这是笑话背后的心理机制。

正如我所提到的，铺垫与故事 1 有区别，笑点和故事 2 有区别，但它们都是笑话结构的必要元素。这些都展示了笑话的原理。所以现在你知道如何写笑话了，是吗？还没有。为了学会写笑话，你需要知道构建和连接故事 1 和故事 2 的三个机制。

笑话结构的三大机制

当我们研究笑话的原理时，我们寻求的是让笑话有效果的明确机制。了解这些机制能让你很快学会手把手笑话写作体系：笑话勘探器（第 2 章）。

到目前为止，你已经知道铺垫创建故事 1，可以引起观众的特定预期，笑点揭示一个让人意外的故事 2。但具体是如何做到的呢？

目标假设与再解读：对同一件事情的两种解读

我把笑话结构的前两大机制称为目标假设和再解读。这两者互相关联，目标假设是故事 1 的关键要素，再解读是故事 2 的主要部分。之所以“互相关联”，是因为它们各自代表了对同一件事情的不同解读。目标假设代表对一件事情的预期解读，而再解读揭示对同一件事情的意外解读。

目标假设：带铺垫的笑话

我们前面讨论过，观众看到或听到铺垫时会通过各种假设来创建故事 1。这些假设中的某一个会成为目标假设。目标假设和其他假设的区别在于它满足两个独特标准。

1. 目标假设是用来创建故事 1 的关键假设

在用来想象故事的所有假设中，有个关键假设赋予了故事 1 特定的意义。也就是说，如果你没有作出这个关键假设，你会想象出一个不同的故事，而不是让笑话有效所需要的故事。以下面的老段子为例。

我敷了个泥浆面膜，三天来，我的脸看起来好多了。然后，泥浆脱落了。

在这个笑话中，铺垫有效的关键在于让你作出假设：泥浆是面膜的一部分，会随之脱落。作出这个关键假设会让你想象出故事 1，敷泥浆面膜三天让这个脱口秀演员的皮肤变好了。然后，笑点通过揭示一个不同的故事 2 带来意外：三天来，这个脱口秀演员脸上一直带着泥浆，这样让他更好看了。图解 3 显示了目标假设在笑话图解中的位置。

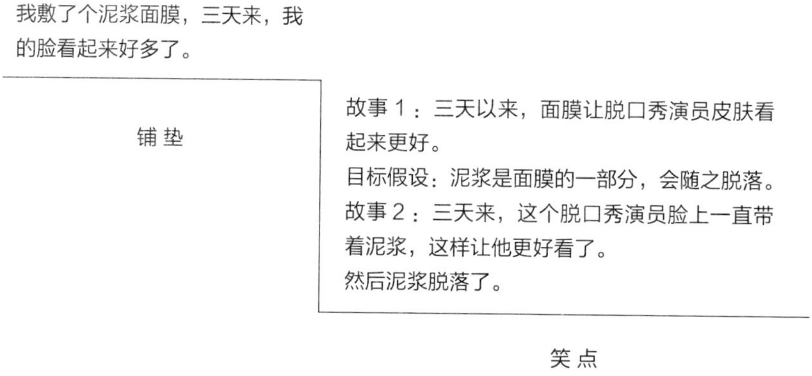

图解 3

2. 目标假设是直接被笑点打破的假设

每个带铺垫的笑话都会让读者通过假设想象出故事 1，然后通过笑点揭示故事 2，以此打破关键假设而给观众带来意外。例如，上面的笑话中，你通过铺垫作出了各种假设。但只有目标假设，即“泥浆是面膜的一部分，会随之脱落”会被笑点“然后泥浆脱落了”直接打破。

目标假设：不带铺垫的笑话

你可能会问自己："那些不带铺垫的好玩的笑话是怎么回事呢？"确实，有一大类笑话没有正式的铺垫。但其实这些笑话还是有目标假设的，它们不需要铺垫是因为目标假设已经事先存在于观众的头脑中了。

我举一个发生在我身上的例子。有天晚上我坐在一家中餐馆里，我是本地人，其他人大多是亚洲移民，很多人只会说一点英文或者完全不会说英文。房间的角落里放着一台电视，这时候电视里开始放小丑表演。小丑骑着方形轮子的自行车出场，大家都笑了起来。无论语言和文化有何不同，每个人都有一个目标假设，那就是轮子应该是圆的。大家对这一信息是普遍接受的，所以无需铺垫。这个笑话要有效，只需要加一个笑点，即方形的轮子，从而打破已有的目标假设。

很多笑话的目标假设是基于大多数人接受的物理法则、社会偏见、文化和国家预设、广泛的定义、刻板印象和熟悉的环境等。每天，人们都会不自觉地作几百万个假设。这些无意识的假设就是不带铺垫的笑话所用的假设。一旦有人作了假设，你就可以创作笑话。这时候需要的是再解读。

再解读：带铺垫的笑话

我们知道当观众通过假设创建故事 1 时，铺垫建立了预期；笑点打破关键假设（目标假设）并呈现故事 2。笑点通过对铺垫元素的意外解读做到这一点。我们把这种意外解读称为再解读。再解读必须遵守下面的两条规则。

1. 再解读是对基于笑点的故事 2 产生的想法

就像目标假设创建了故事 1 那样，再解读创建了故事 2。如下面这个笑话。

我爷爷是在睡眠中安详地走的。但当时坐在他公交车上的孩子们却吓得叫个不停。

再解读是他睡在公交车方向盘上，故事 2 是爷爷死于车祸，因为他在开车时睡着了，车上的孩子们吓得叫个不停。这些信息是通过笑点“但当时坐在他公交车上的孩子们却吓得叫个不停”传达出来的。

图解 4 表明了再解读在笑话图解中的位置。

我爷爷是在睡眠中安详地走的。

铺垫

故事 1：爷爷死的时候睡在家里，是自然死亡。
目标假设：他睡在自己的床上。
再解读：他睡在公交车的方向盘上。
故事 2：爷爷死于车祸，他开车时睡着了，车祸发生时孩子们尖叫。
但当时坐在他公交车上的孩子们却吓得叫个不停。

笑点

图解 4

2. 再解读揭示出与目标假设不同的意外解读

在铺垫中，观众针对某个信息作出目标假设。如果你仔细观察图解 4，你会发现“睡着的爷爷”是让你作出目标假设的信息，它让你假设“他在床上睡着了”，而再解读发现“他趴在公交车的方向盘上睡着了”。

对同一件事情的两种解读对笑话是否有效非常重要。笑点给出再解读时，给观众一种与铺垫信息相匹配却又意外的解读。这让观众重新审视自己的假设，发现自己的假设是错的，从而打破目标假设。

脱口秀秘诀 03 ▶

再解读的目的是打破目标假设

STEP BY STEP TO STAND-UP COMEDY

用意料之外的再解读打破目标假设，从而创造出惊喜。当你的笑话打破人们的假设，他们会笑。现在我们回到最初的预期与意外。只有你理解了目标假设和再解读的机制，笑话才可能有效。

再解读：不带笑点的笑话

现在你可能在想："如果笑点必须有再解读，那些没有笑点的笑话呢？"听起来可能很怪，但有一些笑话确实是没有形式上的笑点的。如下面这个例子。

> 小兔说："我是兔娘养的！"
> 小猪说："我是猪娘养的！"
> 小鸡说："我是鸡娘养的！"
> 小狗说："我是……"

观众提供了再解读，打破了目标假设。但是，笑话中观众可以推断出笑点，并不代表"目标假设"和"再解读"的基本原理不适用。

再解读从何而来？

首先，你必须知道人们对每件事情都有多种可能的解读。除了假设之外的其他所有解读都是再解读。例如，一个词可以有多个意思。

对一件东西也可以有多种解读。例如，我看到有些脱口秀演员在台上会模仿自己在沙滩上的样子，然后用麦架当作金属探测器。这样做的时候，其目标假设是这个架子是用来放麦克风的，而再解读是这个架子是一个金属探测器。

之所以有再解读，是因为我们的头脑还会有其他假设，从而发现或创造出其他解读。所以，搞笑的人必须能够对一件事情有两种解读。

连接点：至少有两种解读的事情

笑话的第三个机制是笑话结构的中心，称为连接点。其定义是至少有两种解读的事情。对连接点的第一种解读可以提供目标假设，而另一种解读则会提供再解读。

在“爷爷”这个笑话中，连接点是“睡着的爷爷”。对这件事情有两种解读，请看图解 5。

我爷爷是在睡眠中安详地走的。

铺垫

故事 1：爷爷死的时候睡在家里，是自然死亡。
目标假设：他睡在自己的床上。
连接点：睡着的爷爷。
再解读：他睡在公交车的方向盘上。
故事 2：爷爷死于车祸，他开车时睡着了，车祸发生时孩子们尖叫。
但当时坐在他公交车上的孩子们却吓得叫个不停。

笑点

图解 5

请注意连接点的定义中提到的“至少两种解读”。对于连接点的解读可能有多种，当连接点有多种解读时，笑话可能有多种笑点。这就要求连接点只能有一个。

笑话的结构很简单，它会围绕一个核心主题来呈现，如果有多个连接点，就会出现多个笑话。想一想：两个连接点带来两个目标假设和两个再解读，因此需要两个铺垫，两个笑点，最后形成两个笑话。记住，一个笑话只需要一个连接点。

任何事物都可能成为连接点，难点在于找出它。我们在前面的再解读中曾讨论过，有些词会有多个解读，因而可以成为不错的连接点。

看一下这个笑话：“我向医生求助有关带状疱疹（shingles）的事，医生却卖给了我铝板。”①英语中，shingles 既有带状疱疹的意思，也有屋顶板的含义。所以这里的连接点就是单词 shingles，因为它既可以被解释成皮肤疾病也可以被解释成屋顶板。而对于麦克风架的那个视觉笑话来说，连接点是麦克风架，因为它既可以看作是麦克风支架又可以看作是金属探测器。

不是所有的笑话都由词语和物件构成。这里有一个喜剧默片的例子，其中只用到了肢体语言作为连接点。想象如下情景：一个富有的酒鬼在起居室里发现了一张纸条，这张纸条是他妻子留下的，上面写着除非丈夫不再喝酒，否则她就不会回来。他转身背对镜头，并走到了一个酒柜前。他低着头，肩膀开始断断续续地上下颤动。他在抽泣，对吗？他因为失去了妻子而哭泣？不。他转身回来，我们看到他正在摇晃马丁尼酒的调酒杯呢。在看图解 6 之前，你能找到这里的连接点吗？

一个富有的酒鬼在起居室里发现了一张纸条，这张纸条是他妻子留下的，上面写着除非丈夫不再喝酒，否则她就不会回来。他转身背对镜头，并走到了一个酒柜前。他低着头，肩膀开始断断续续地上下颤动。

铺垫

故事 1：他很焦虑，妻子因为他嗜酒而离开了。
目标假设：他正在哭泣。
连接点：他肩膀的颤动。
再解释：他在混合一杯酒饮料。
故事 2：比起他妻子，他对酒更感兴趣。
他转身回来，我们看到他正在摇晃马丁尼酒的调酒杯呢。

笑点

图解 6

① 原文为：“I went to my doctor for shingles—he sold me aluminum siding.”

这是一个完美的笑话结构，它只用到了肢体语言，连接点就是“肩膀的颤动”。这个动作引发你作出了目标假设，即他正在哭泣。然后“肩膀的颤动”被再解读了，并且最后揭示为他正在混合一杯酒饮料。顺便提一句，这一情景源自查理·卓别林的电影《有闲阶级》(*The Idle Class*)。

我知道你肯定会说：“这很棒，但并不是所有的笑话都遵循这样的结构。”对此我不敢苟同。对于所有笑话来说，这些基础结构都是一样的。无论笑料是来自文学作品的智慧、小丑的滑稽表演、情景喜剧的台词、荤段子、意外的幽默讽刺、有趣的谜语、派对上不负责任的评论，抑或是来自没有明显铺垫和笑点的段子，它们潜在的结构都是相同的。

识别这些基础结构的很困难，因为笑话的变体实在太多了。结构经常被表演者的个性掩盖，深藏在文化或民族的预设之中，或隐藏在多层内涵之下，并被个人的表达风格所吸收。但是无论如何变化，故事 1、目标假设和连接点，还有故事 2 和再解读，它们对于建构所有的笑话来说都是最关键的。你迟早都会熟练地识别它们，到时候一个全新的笑话可能性的宇宙将为你敞开大门。

在继续阅读第 2 章之前，你需要彻底理解笑话结构的运作机制。如果你没能理解，请重读这一章直到你明白了为止，因为这些都是你钻研我的笑话写作体系，即笑话勘探器所必需的工具。理解这些基础结构将会帮助你找到事物中蕴藏的幽默，因为你现在明白了笑话的运作方式。别担心，我不会让你像小学生造句那样用图形来解释你的笑话！

02

笑话写作

STEP BY STEP
TO
STAND-UP
COMEDY

笑话勘探器

是不是每个人都可以学习写笑话呢？是的。

出于某些原因，笑话写作似乎总是笼罩着一层神秘的光环。好像它充满了神秘色彩，只有那些被希利亚（Thelia），也就是喜剧界的缪斯保佑着的人，才可以写出笑话。其实每个人都有幽默的时候，即便这种幽默是偶然性的。虽然你不知道自己是怎么把一个笑话创作出来的，但这并不意味着你不是在创作笑话。在这一章里，我将会介绍如何将那些精彩的偶发事件变成随心所欲的创作。

还不相信？好吧。如果你毫不怀疑，那你就有点太过轻信他人了。不要看深夜广告喔。我们来考虑这个问题：在前面的章节中我们说到，所有的笑话都有非常容易辨认和识别的结构。如果笑话结构是可识别的，那就意味着笑话的写作也是可行的。

任何笑话写作系统都可以写出“一句话笑话”（one-liner）。为什么当这些笑话有两句话的时候也会被称为一句话笑话？我也不明白。有趣的是，这个世界上大部分的笑话都是在社交场合产生的无铺垫笑话。但如果对有铺垫笑话的结构和组成没有初步了解的话，就几乎不可能用无铺垫笑话来教学。因此，笑话勘探器是专门针对有铺垫笑话的。一旦你理解了这些有铺垫笑话，你去写无铺垫笑话的时候，就会容易很多，而且最终会发展为脱口秀表演。

笑话勘探器是一个原创笑话写作系统，它能带你从一个笑话话题开始，一步步写出一个完整笑话。我之所以将其命名为笑话勘探器，是因为它有两个不同的组成部分：笑话地图和笑话宝藏。

笑话地图的目的是来帮你选定一个话题，定义一个笑点前提，以及定义一个铺垫前提，然后从这个创意出发写一些笑话铺垫。而笑话宝藏则是深挖一个铺垫，并利用目标假设、连接点和再解读来创造一个笑点。

笑话勘探器是一个手把手教你创作笑话的系统，它揭示出笑话是如何在脑子里成型的。你需要通过学习加以掌握。但是请放心，一旦你掌握了笑话勘探器的基本要领，就能创造出源源不断的笑话。

我们会按照相反的顺序来学习笑话勘探器的两个阶段。从教学角度来讲，我发现从为铺垫写笑点开始学习，会对构造笑话的流程理解得更清楚，所以我们从笑话宝藏开始学起。学完笑话宝藏的原理，你可以完成附录 1 的作业，为里面的铺垫写一些笑点。当你有了一定的笑点写作经验，再去学习使用笑话地图，选择话题和写铺垫就会容易很多。这样反过来又会让你用笑话宝藏为这些铺垫写出更多笑点（针对整个笑话勘探器的更多练习参见附录 2）。

笑话宝藏：探索秘密通道

挖掘笑话宝藏，就是通过一个从铺垫到笑点的秘密通道来学习写笑话的过程。大多数人都不知道这个通道，即便你知道这个通道，蜿蜒曲折的道路也可能把你带到一个意想不到的地方。当然这也是笑话宝藏之旅的乐趣所在，犹如爱丽丝梦游仙境一样，当进入兔子洞的时候，会发现一个让你“越来越好奇”的世界。

脱口秀秘诀 04 ▶

通过提问来探索笑话通道

STEP BY STEP TO STAND-UP COMEDY

提问是探索笑话通道的最好方式，它能让你更有目的地探索。刚开始写笑话的时候，大家往往只会一遍遍地复述脑袋里的东西，困在其中。例如：“这个事情有什么有趣的地方？”或者：“笑点在哪里？”这样会问到你无路可走。

如果你发现了一个通道能把你带到笑话宝藏，你就应该在这个宝藏周围多挖几下，而不仅仅是在一个地方挖。你的脑子需要持续供应新的信息来寻找幽默，如果你陷入自我对话的死循环，这个信息流就会终止。提问会帮你找到答案，而每个答案会带你走得更远或者带你进入完全不同的轨道。你不会提前知道哪个通道会带你找到一个你喜欢的笑点，所以秘诀在于你要问很多很多的问题。任何一个探索都会比困在原地一遍又一遍地重复同样的话要好得多。任何一个探索都会比困在原地一遍又一遍地重复同样的话要好得多。任何一个探索都会比困在原地……你懂的。

我提出这点是因为要获得笑话的原始素材，你需要按顺序完成下面的步骤，而完成的方式就是提问。在这个过程中，任何一步都可以至少提一个问题。很多脱口秀演员根本没有意识到他们在问自己问题，其实他们在有意或无意地问自己问题。要不然，脱口秀演员怎么可能持续不断地有新灵感来写出新段子呢？所以我希望你能有意识地开始提问。当你学会这么做的时候，你可能会挖到很多宝藏，让你自己和观众都大吃一惊。这几个构成笑话宝藏的步骤如下。

STEP 1 选择一个铺垫，列出各种假设："对于这个说法我有什么样的假设？"

STEP 2 选择一个目标假设，找出连接点："是什么使我产生这个目标假设的？"

STEP 3 列出几个对连接点的再解读："除了目标假设以外，还有什么针对这个连接点的再解读？"

STEP 4 选择一个再解读，完成故事 2："关于这个铺垫，有什么具体的情境可以解释我的再解读？"

STEP 5 写一个可以解释这个故事 2 的笑点："在铺垫之余，还需要什么信息来讲清楚我的故事 2？"

从铺垫到笑点

当你在笑话宝藏中穿行的时候，我需要明白地、大声地跟你讲清楚一件事。可能你听不到我会有多大声，但我需要你非常清楚我的意思。如果在这过程中的任何一个节点，你想到了一个笑话，把它记下来。这个系统的目的是帮助你制造素材。不管你是在何时、用何种方式来完成它的，一个好笑话就是一个好笑话。笑话是走完笑话宝藏的所有步骤，是正停在第一步，还是从一些随机的想法中产生的，都不重要。只要你认为它是一个好的点子或笑话，就把它写下来。

笑话宝藏的第一个步骤是铺垫。

STEP 1 选择一个铺垫，列出各种假设："对于这个说法我会有什么样的假设？"

今天早上我起床跑了 5 公里。

虽然你可能没有意识到，但你此时已经对这个铺垫作出了假设。为了找出它们是什么，我们需要回头去看一下你想象的故事 1 中的细节。铺垫实际所说的内容与故事 1 的任何不同之处，都是假设。现在我们来提关于这一步的问题。

Q：对于这个说法我作出了什么样的假设？

A：我假设，

a. 他跑步是为了锻炼。

b. 他并没有夸大他跑步的距离。

c. 他是在外面跑的。

d. “我跑”意味着是他亲自跑的。

e. 他没有撒谎。

这些假设都不是唯一的假设，他们也不必是“正确的假设”。他们只是一些对于我来说非常容易想到的假设而已。任何时候，你在处理任何一个步骤的问题时，把你的答案都写下来，不要尝试把它们都留在你的脑海里。很多人会自动通过零星地收集假设而想到一些笑话。如果你也是这样，记得把它们也写下来。

STEP 2 选择一个目标假设，找出连接点：“是什么使我产生这个目标假设的？”

我脑海中自然而然的假设是 a，因为它对于我来说是最容易想到的。

当我们考量选择哪个假设作为目标假设时，要选择那个最适合出笑点的。如果你发现你被某个目标自然吸引，相信你的直觉；你意识到一个目标的再解读有喜剧化的可能时，选择这个目标就对了。

通常，最容易想到的假设是目标假设的最佳选择，因为那是你在陈述铺垫时每个人都容易想到的。记住一点，你最终是想打破观众脑海中的这个假设。如果你选择一个大多数观众不太可能作出的模糊不清的假设，要打破它是不太可能的。

一旦你选择了目标假设，你需要找出让你作出这个目标假设的点，即连接点。这是这个系统里最重要也是最困难的一点。找出这个连接点以后，所有的后续步骤都是这一步的延伸。你需要花一点时间来评估你的想法：你是怎么走到这个点的？在铺垫里有一些对你作出目标假设来说必不可少的要素。这些要素是什么呢？找出这些要素的最佳工具是对这个步骤提问。

Q：是什么使我作出这样的目标假设呢？

A：如果我的目标假设是“他跑步是为了锻炼”，那么我作出这种假设的原因是“他跑步的理由”。

连接点：他跑步的理由。

所以“他跑步的理由”是连接点，而连接点就是使你作出这个目标假设的东西。在下一个步骤中，我们会考察对这个连接点的其他解读，那会帮助我们理解“他跑步的理由”这个说法，它至少有两个不同方向的理解。

在我们往下走的时候，我会持续地往这个笑话图解中添加信息。你在写自己的笑话时不需要这样做。这个图解演示了这个系统的每一个步骤是如何为笑话的每个部分提供材料的（见图解 7）。

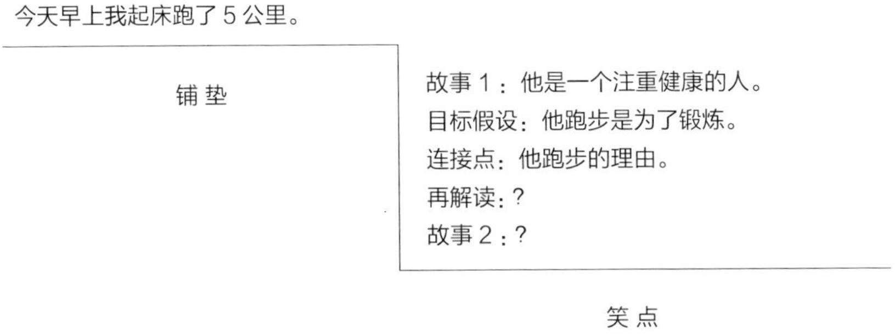

图解 7

STEP 3 列出几个对连接点的再解读：“除了目标假设以外，还有什么针对这个连接点的再解读？”

我们现在寻找的是对于连接点“他跑步的理由”的其他解读。这里的关键是尽可能地做到具体。例如，与其说“他被吓到了”，不如尝试一个更加细节化的场景，比如说“他跑是因为被一张非常恐怖的脸给吓到了”。然后我们问关于这个步骤的问题。

Q：除了这个目标假设，还有什么针对我的连接点（他跑步的理由）的再解读？

A：其他可能针对“他跑了 5 公里”这个话题的解读有，

a. 他跑是因为他被一张恐怖的脸吓到了。

b. 他跑是因为他是被强行拖走的。

c. 他跑是因为他在追一个裸体的女人。

d. 他跑是因为他的车跑了。

记住这里并没有所谓的“唯一的解读”，也没有“正确的解读”。上面的清单还可以更长，并且我可以肯定的是，你一定可以想到一些我没有想到的再解读。同时，如果有一些很傻的、很奇怪的，或者难以置信的跟铺垫相关的解读，都是正常的。当你在挖矿时，不是你做的所有事情都会让你挖到矿石的。这就带领我们进入下一个步骤了。

STEP 4 选择一个再解读，完成一个故事 2：“关于这个铺垫，有什么具体的情境可以解释我的再解读？”

在这一步，你选择了上面列表里的其中一个再解读，随后它变成了你笑话里的再解读。我现在选择 a。

再解读：他跑是因为他被一张恐怖的脸吓跑了。

这个再解读本身并不是一个笑点，但它是故事 2 的中心概念。注意这个再解读的意思要来源于铺垫：今天早上他起床跑了 5 公里，是因为他被一张恐怖的脸吓到了。确认这点非常重要，因为对于笑点来说，不是所有的再解读都是合情合理的。

为了设计一个故事 2，你需要从各种情境当中找出能够解释或验证这个再解读的情境来。这个步骤带出的问题可能已经足够让你完成这件事情，你可能需要问很多的问题，也可能完全不需要提问。如果在这期间你突然想到一个有效的笑点，把它写下来。不过，最佳的方式是一直深挖你的问题，直到找到你需要的故事和场景为止。我们一起来看一下这个步骤的问题。

Q：有什么跟这个铺垫相关的具体场景能解释我的再解读呢？

A：他在床上醒来的时候旁边有一个丑女。

这是其中一个场景，但为了使这个笑点有完整的意义，我们还需要更多的细节。我们继续来深挖。

Q：为什么他会和一个丑女在同一张床上呢？

A：他可能和这个丑女一起过夜了。

Q：为什么他会这么做呢？

A：他昨晚把她从酒吧带回家了，因为他真的醉了。

这就容易了，现在我们把所有的细节编进故事 2。

在这一晚之前，他在酒吧喝得酩酊大醉，他带了一个丑女回家，并且跟她过了一夜。在早上的时候，他清醒过来，有机会看清楚她的长相之后，他吓得从床上冲了出去。

如果你想到一个不同的故事，没问题，只要这个故事能够合理地解释这张恐怖的脸为何会在他醒来的时候把他吓到就行。图解 8 展示了我们目前所拥有的信息。

今天早上我起床跑了 5 公里。

铺垫

故事 1：他是一个注重健康的人。
目标假设：他跑步是为了锻炼。
连接点：他跑步的理由。
再解读：他跑是因为他被一张恐怖的脸吓到了。
故事 2：他在酒吧勾搭回来的一个丑女身边醒来，被吓得冲了出去。

笑点

图解 8

我们已经把这条通道完全打通了。我们从第一个故事的铺垫开始，接着发现了一个目标假设、一个连接点和一个再解读，并且编出了一个合理的故事 2。现在我们准备完成一个笑点。

STEP 5 写一个笑点来阐述这个故事 2：“在铺垫之余，还需要什么信息来讲清楚我的故事 2？”

这里有很多的途径让故事 2 构成一个笑点，除了决定笑点表达的内容之外，你还需要试验故事 2 应该如何被叙述或者表演出来。提问是找到这些灵感的最佳途径，因此随着这个步骤问题的开始，接下来你要用更多的问题作为工具，不停地挖掘，直到你得到一块宝石为止。

Q：除了铺垫以外，需要什么信息才能让故事 2 清晰地表达出来呢？
A：他从酒吧带了一个丑女回家，在她身边醒来，这是他为什么要跑的原因。

这就是笑点所要包括的信息。它必须非常有效，也要非常简明扼要。这就是为什么写一个好笑点，在某种程度上等同于解开了一个谜。这只是清晰地表达故事 2 所需要的基本方法。在这里，还有一些写笑点的原则。

● 如何写一个笑点并没有一个“正确”的途径。一个笑点如何被表述或者表演，对于每个脱口秀演员都是不一样的。用你实际上讲或者演的方式来写你的笑点。

● 言简意赅是智慧的灵魂，你应该用简短的语言来揭示你的故事 2，并且越简短越好。

以下面的笑点为例。

> 今天早上起床我跑了 5 公里。这是因为我昨晚在一个酒吧，在我酩酊大醉的时候选中了一个丑到难以置信的女人并把她带回了家。我跟她过了一夜，当我早上看到她时，我被吓坏了。

虽然笑点被表述了出来，且故事 2 也表达得非常清晰，但它并不是很简洁。这也是它听起来并不好笑的原因。正如“笑点”[①]这个词的意思所示，一个笑点应该像又快又狠的一拳。相比而言，我更喜欢下面的例子。

> 今天早上我起床跑了 5 公里。换作是你，你也会跑的，如果你像我一样，翻身就看见了我昨晚从酒吧带回来的丑八怪。

这个版本不仅少了很多字，而且它保留了笑点结尾最令人意外的部分。这样就大大增加了笑点的冲击力。

我们如何判断一个笑点中的哪些词是多余的呢？用你的幽默感作为向导吧。你可以尝试很多版本，最后选择你认为最好笑的一种表达方式。

图解 9 演示了笑话的最终版本。我们可以从图上回顾所有的步骤，并且观察从铺垫到笑点的喜剧逻辑。

① 笑点，英文为 punch，有击打的意思。

今天早上我起床跑了 5 公里。

铺垫

故事 1：他是一个注重健康的人。
目标假设：他跑步是为了锻炼。
连接点：他跑步的理由。
再解读：他跑是因为他被一张恐怖的脸吓到了。
故事 2：他在酒吧勾搭回来的一个丑女身边醒来，被吓得冲了出去。
换作是你，你也会跑的，如果你像我一样，翻身就看见了我昨晚从酒吧带回来的丑八怪。

笑点

图解 9

记住，你只需要给观众足够的信息来理解故事 2 即可，如何去做完全取决于你，甚至这并不需要用任何语言。我们刚刚完成的笑话也可以像下面这样写。

今天早上我起床跑了 5 公里。这就像从严重的宿醉中醒来的动作，翻身，看到一个酒吧带回来的怪物，马上挣脱它，开始狂奔。

如果你有这样的表演技巧，能让观众任凭你的肢体语言就能再现这个情境，那么这就是需要放到故事 2 里的全部了。这就是我上文所说的没有一个所谓“正确的”方法的意思。

老实说，我开始写这个笑话的时候根本没有想到它会如何结束，但这个笑点看起来并不赖。这就相当于你的兔子洞了。说到兔子洞，我想告诉你通过探索不同的通道来获得不同笑点的方法。

笑话宝藏的选择：探索其他通道

当你无论如何表达或表演你的笑点，都觉得不够好的时候怎么办？或者你被困在一个通道里，无论你多么努力都找不到出路的时候怎么办？你总能在其他行业里找到工作，如果不做脱口秀演员，你还有很多选择。

当你被困住或想不到一个你喜欢的笑话时，无须惊慌，只需要回到第 4 步，然后选择另外一个再解读，直到你找出一个能让你发笑的再解读为止。如果你还是觉得无法释怀，原路返回至第 2 步，选择另外一个目标假设。每一个代替原来通道的新通道都有可能会带来一个你喜欢的段子。

回到第 4 步：选择一个不同的再解读

在这种情况下，我要简化一下我的解释了。这个方法让你在任何想要改变方向的时候，都能找到足够多的新通道。

铺垫如下。

今天早上我起床跑了 5 公里。

下面是从前三步得到的信息。

目标假设：他跑是为了锻炼。
连接点：他跑的理由。
再解读：
a. 他跑是因为他被一张恐怖的脸吓到了。
b. 他跑是因为他被强行拖走了。
c. 他跑是因为他在追一个裸体的女人。
d. 他跑是因为他的车跑了。

STEP 4 选择一个再解读，完成一个故事 2 ：“关于这个铺垫，有什么具体的情景可以解释我的再解读？”

这一次让我们从众多可能的选项中选择 b。

再解读：他跑是因为他是被强行拖走的。

现在我们来问下面的问题。

Q：联系到铺垫，哪个具体的情景可以解释我的再解读？
A：他可能是被一辆火车拖着走的。

在问了一连串的问题后，我尝试去建立一个使再解读成立的故事2，我想到了下面这个方向。

当他在火车上的时候，他掉出了卧铺车厢，挂在了门上，于是他必须跟着火车跑。

STEP 5 写一个笑点来阐述这个故事2：“在铺垫之余，还需要什么信息来讲清楚我的故事2？”

作为对这个步骤的回答，我写了下面这样一个笑点。

今天早上我起床跑了5公里。当我在火车上的时候，我在床上翻了个身，结果掉出了卧铺车厢，而我的睡衣挂在了车门上。

从专业的观点来看，这烂透了，并且完全不可信。我不会去表演这样一个笑话或者向其他人承认这个笑话是我写的，当然，除了你们之外。但它也说明了当你探寻宝石的时候，有时只能发现一些破铜烂铁。毕竟，我不想给你这样的印象：这个系统所产生的笑话全部都是很棒的笑话。有些笑话会很棒，有些只是一般般，而有些只能扔掉。创作笑话本来就应该这样，关键是要有多种选择。

通过这个例子，我们最终得到一个非常糟糕的笑话，但是如果用一个不同的再解读或者是目标假设，我们有可能想到更好的东西。因此，我们再回到第4步来选择另外一个再解读试试。

我们重新回到第 4 步

STEP 4 选择一个再解读，完成一个故事 2：“关于这个铺垫，有什么具体的情景可以解释我的再解读？”

浏览一下选项，我们选择再解读 d。

再解读：他跑是因为他的汽车跑了。

在问了这个步骤的问题后，我再以这个讲述者去追他的汽车作为结尾问了几个问题，我得出了第二个故事。

他的车熄火了，当他想要推动他的车来启动时，车沿着下坡路跑了，于是他只好去追车。

这对于我来说是一个好故事，但它和铺垫里所说的讲述者刚刚醒来的情节有一些冲突，铺垫暗示的是他是在卧室而不是在外面的汽车上。这并不是什么问题，在故事 2 里你会看到为什么这不是问题。

STEP 5 写一个笑点来阐述这个故事 2：“在铺垫之余，还需要什么信息来讲清楚我的故事 2？”

回答这个问题有助于创作笑点，让我更有效地阐述我的故事 2，同时我也调整了铺垫，让它更适合故事 2。这样得到的笑话如下。

今天早上我起床，出门，然后跑了 5 公里。我得到一个教训：当你的车停在山坡上的时候，千万不要用推的方式来发动车。

图解 10 演示了这个笑话。

今天早上我起床跑了 5 公里。

铺垫	故事 1：他是一个注重健康的人。 目标假设：他跑步是为了锻炼。 连接点：他跑步的理由。 再解读：他跑是因为他的车跑了。 故事 2：他的车熄火了，当他想要推动他的车来启动时，车沿着下坡路跑了，于是他只好去追车。 今天早上我起床，出门，然后跑了 5 公里。我得到一个教训：当你的车停在山坡上的时候，千万不要用推的方式来发动车。
	笑点

图解 10

有时候，你能想到一个非常棒的故事 2，但是它和铺垫里的若干小细节有一些冲突。在这种情况下，为这个笑话作出任何的调整都是可以的。当涉及笑话写作时，没有什么是一成不变的。这是你的笑话，你可以用任何方法让它变得适合你。在这种情况下，单纯地在铺垫中加一个“出门”便让讲述者出现在了室外，并且暗示他不是刚刚从床上冲出来的，这就达到目的了。与此同时，它也没有改变故事 1、目标假设，或者连接点。

一开始就把写笑话和改笑话的所有方法都讲完是不可能的，所以我退而求其次：鼓励你来尝试。

在这个笑点和酒吧的笑点之间，我们通过挖掘不同的通道已经写了两个不错的笑话了。但假设你根本不喜欢我们想出来的笑点，你会怎么做呢？我们仍然可以沿原路返回至第 2 步选择一个不同的目标假设。

回到第 2 步：选择一个目标假设

我们原始的铺垫如下。

今天早上我起床跑了 5 公里。

以下是我们在第 1 步列出来的一系列假设。

a. 他跑步是为了锻炼。

b. 他并没有夸张他跑步的距离。

c. 他是在外面跑的。

d. “我跑”意味着是他亲自跑的。

e. 他没有撒谎。

到现在为止，你应该已经很熟悉每一个步骤的运作方式了。其中，我最希望你知道的是如何通过选择一个不同的目标假设，来得到一个不同的笑点。

STEP 2 选择一个目标假设，找出连接点：“是什么令我产生这个目标假设的？”

这一次我将尝试目标假设 e。

目标假设：他没有撒谎。

Q：是什么令我产生这个目标假设的？

A：他的沟通方式。

连接点：沟通方式。

我知道“沟通方式”是连接点，这就是引起我产生“他没有撒谎”这个目标假设的东西。另外，能表明“沟通方式”是连接点的，是“沟通方式”可以用不止一种方式来解读。

STEP 3 列出几个对连接点的再解读：“除了目标假设以外，还有什么针对这个连接点的再解读？”

问这个步骤的问题。

Q：除了这个目标以外，针对“沟通方式”这个连接点还有什么其他的再解读？
A：a 他在撒谎，实际上他并没有跑那么远。

有时候，所有可能的解读加起来也只有一个。

STEP 4 选择一个再解读，完成一个故事 2：“关于这个铺垫，有什么具体的情景可以解释我的再解读？”

嗯……那么我选择 a 吧。

再解读：他在撒谎，实际上他并没有跑那么远。

问完这个步骤的问题后，再多问几个问题，我得到了一些细节，这样我就能创造一个有可信度的故事 2，来解释这个家伙如何在他完全没有跑 5 公里的情况下，说他跑了 5 公里。他在吹嘘他是多么富有，富有到能够请其他人来帮他跑步。

STEP 5 写一个笑点来阐述这个故事 2：“在铺垫之余，还需要什么信息来讲清楚我的故事 2？”

在回答这个步骤的问题时我写下了这个笑话。

今天早上起床我跑了 5 公里。当然，并不是我亲自跑的，我花钱请了个人帮我跑。

图解 11 演示了整个笑话。

今天早上起床我跑了 5 公里。

铺垫

故事 1：他是一个注重健康的人。
目标假设：他没有撒谎。
连接点：他确实跑了 5 公里。
再解读：他在撒谎，实际上他根本没有跑那么远。
故事 2：他是一个有钱人，他请了别人来替他跑。
当然，并不是我亲自跑的，我花钱请了个人帮我跑。

笑点

图解 11

这个笑话不是很差，尤其是对于一些胖胖的脱口秀演员来说。路易·安德森（Louie Anderson）很可能会因这个笑话中获得不少的笑声。这个例子告诉我们如何回到步骤 2 来选择一个不同的目标假设，进而得到一个不一样的笑话。

如果在完成这个过程且通过不同的再解读或目标假设来探索不同的通道以后，你仍然没有收获，或者不喜欢你得到的笑点怎么办？在下一章中，我会讲到如何选择另外一个铺垫的问题。

到现在为止，我们已经从一个铺垫中成功得到了好几个不错的笑点，其中一个甚至相当不错。这就是使用这个系统的魅力：你不需要在那里干坐着等待你的灵感出现。当然你仍然会在系统之外想到一些笑话，但如果你没有每天都写，或者有时候你急需一些好笑的东西，你就知道如何通过这个方法来找到它。

只要你想象力足够丰富，这个笑话宝藏能提供足够多的通道供你探索。它的设计是很灵活的，它能帮助你表达幽默感。你所需要做的只是花一点点时间来挖掘它而已。

你已经学习了笑话的各种元素，现在是时候进入笑话宝藏来探索铺垫和笑点之间的秘密通道了。你可以在本书的附录 1 中做相关的练习。

03

写哪些方面的笑话

▼

STEP BY STEP
TO
STAND-UP
COMEDY

笑话地图

每一个职业喜剧演员都曾经被人问过这个问题:“你从哪里得到的创作灵感?”答案当然是“从我的生活里”。我之所以这样说,是因为我对“你的生活”一无所知。

有一句关于写作的老话叫作“写你所知”,确实如此。仔细想想,除了你所知道的,你还能写什么呢?作为艺术家,你拥有一件其他人都没有的宝贝,即你自己的观点。因此,我强烈建议你根据自己的生活来创作,写那些你通过观察得来的东西,写那些你感兴趣的东西,写你自己的观点和感觉。跟你说一个真相:观众是否同意你的观点并不重要。很多艺术家,从“毕加索”[①]到安德鲁·“骰子”·克莱(Andrew“Dice”Clay)[②],都曾经对自己的同胞出言不逊,但他们说的都是自己想说的话,最后非常多的人对他们的话反响热烈。尽管“毕加索”从未上过莱特曼秀[③]。

① 指理查德·普赖尔(Richard Pryor),他被很多人认为是史上最出色的脱口秀演员,另一位著名脱口秀演员杰里·宋飞(Jerry Seinfeld)曾经称他为“我们这一行的毕加索”。

② 美国脱口秀演员,其在纽约麦迪逊花园广场的个人脱口秀演出连续两晚售罄,成为第一个创造此佳绩的人。

③ 即 The David Letterman Show,该节目主持人用生动犀利的语言针砭时弊。

有一种内容你永远也不应该尝试，那就是写“你猜观众可能会觉得很好笑的事”。这种专门写别人可能会喜欢的内容的人，叫作写手。你真正要考虑的是观众是否明白你在说什么。但当你最初考虑什么内容好玩、什么内容让人感兴趣、什么内容重要，甚至仅仅是什么内容值得去讲的时候，记得一定要基于自身的感觉去作出决定。

很多脱口秀演员从来不会主动选择他们该写什么笑话，因为他们在等待灵感出现，当他们的脑海里突然闪过一些好玩念头的时候，一整段新的脱口秀内容就会形成。然后，他们的思路就会枯竭，直到下一次灵感再现。他们只能依赖于这种偶然性的念头，因为他们不知道还有其他的创作方法。

在我看来，灵感无疑是创作笑话的最好方法，这种来自直观感受的题材，发自内心，坦诚自然，据此创作的笑话通常也是结构清晰的。但如果你想拥有能随时为自己选定的主题创作笑话的能力，你就需要掌握方法。你肯定猜到了，我刚好有这样的方法：笑话勘探器。

在笑话勘探器这个创作体系里，你已经会用“笑话宝藏”为铺垫找到笑点了。现在我要解释一下什么是“笑话地图”，这个方法能帮你在生活中探寻原始材料，为你的笑话找到铺垫。然后，我们会重新使用“笑话宝藏”为这些铺垫找到笑点。如果你是一个从零开始的初学者，当你意识到自己可以根据任何题材创作笑话时，这种感觉肯定会让你欣喜若狂。“笑话地图”能帮助你把事情从抽象变为具体，这点非常重要，因为笑话都蕴藏在细节里。

脱口秀秘诀 05 ▶

笑话都蕴藏在细节里

STEP BY STEP TO STAND-UP COMEDY

关于这个秘密的重要性，我必须最大程度地强调一下。当我的学生在创作遇到困难时，通常都是因为他们想从一些宽泛的层面上寻找笑话。其实只要开始探索细节，他们就会发现宝藏。“演技之父”斯坦尼斯拉夫斯基曾经说过：“抽象是艺术的死路。”这句话同样适用于喜剧写作。细节是无穷无尽的。

笑话地图的基本功能，是把你的想法从抽象缩窄为具体的细节。具体的实现方式就是帮助你从选定的话题里面想出一个笑点前提，然后相应地想出一个铺垫前提，最后创作出多个铺垫。

话题：单个的主题，但里面包含“错误”的元素

选择笑话的话题可以说易如反掌，但也可能让你焦头烂额。说它容易，是因为话题通常会找上门来。遭遇交通大堵塞，结束一段恋情，曾经遭遇地震、台风或洪水，这些经历都会让你很容易找到话题。但对那些不愿意表露个人真实想法的人来说，要他们找出话题，可能就会有不少困难，因为这可能令他们觉得会受到非议，以及被人看穿自己的具体想法。

在我的高级讲座里，学员们会经常在那些他们认为有趣的领域里寻找话题，但通常毫无结果。当他们开始在那些包含冲突、争议和问题的领域里挖掘时，才会找到很多素材。有时候，为了帮助他们在某个问题领域内深挖，我会向他们提问，但大多数时候他们都会说：“但这些话题不好笑啊。”他们是对的，话题本身并不好笑，能带来好笑话的都是那些令人伤心的事情。为什么这些不好笑的事情反而是喜剧的沃土呢？

脱口秀秘诀 06 ▶

幽默感是一种应对痛苦的方法

STEP BY STEP TO STAND-UP COMEDY

喜剧潜藏于痛苦的事情里，这些领域是不讨人喜欢的。那么，这是不是意味着我让你去创作关于痛苦的笑话呢？这个说法可以说对，也可以说不对。我其实是让你去为那些你认为错误的事情创作笑话。每个笑话里都包含痛苦的因素，因为那些我们认为错误的事情总会在某种程度上给我们带来痛苦，不管是巨痛还是轻度不适。有时候，痛苦很明显，就好像理查德·普赖尔模仿他心脏病发的情形那样，有时候，痛苦就好像史蒂文·赖特（Steven Wright）[①]的存在主义焦虑那样轻微，但痛苦是肯定存在的。肯定。让我们从下面这个笑话开始，看看它是如何通过笑话勘探器创作出来的。

邮局的工作人员其实是很有效率的——当他们用枪的时候。[②]

在选择话题时，我们必须考虑这个话题是否符合这个标准：单个话题，其中包含“错误”的因素。以“邮局”这个话题为例。这是单个话题吗？是的。就像句子、段落、章节或者故事，笑话必须有一个内核。如果你想涵盖一种以上的核心思想，不管你的尝试多么有创意，最终都会迷失其中，因为这样做没有明确的路线。对某些人来说，这里面包含了“错误的”东西吗？是的。虽然这种争议并没有在话题里表达出来，但这仍然是选择这个话题的出发点。

重要提示：话题必须不包含观点。话题的功能只是让你有一个大致的方向，以便你可以从中挖掘出无数的细节。例如，如果我把这个话题表述为“邮局速度很慢”，这就限制了我的思路，让我只能去写关于邮局速度很慢的笑话了。作为出发点，你最好选择一个能让你表达很多种观点的大话题。而且不用担心，在笑点前提这一步，你将有机会表达你所有的观点。

记住：话题里所包含的“错误”因素，没必要是仅仅针对你自己而言的，它

① 美国著名喜剧演员、作家。
② 背景信息：美国邮局曾多次发生员工枪击案。

也可以是针对别人或别的事物而言的。为什么我说可以针对“别的事物”呢？举个例子，罗宾·威廉姆斯（Robin Williams）有一个笑话是关于给婴儿换尿片的，婴儿把大便拉在了地板上，罗宾模仿狗的视角去观察这个情况，然后问主人：“为什么不把这小屁孩的鼻子按在大便上呢？”这条狗会有这个疑问，是因为它不知道，在相类似的情形里，一个孩子受到的待遇是远优于它的。

关联清单：缩窄的范围

当你选定了一个话题，笑话地图要求你列一个关联清单，把你能想到的和这个话题相关的所有事情都列举出来。列出来的事情要写得尽可能简洁，避免冗长的描述，同时，所选择的事情一定要和话题密切相关。例如，我可以列举跟“门”相关的事情，但“门”可能跟任何事情都搭得上界，所以要选择那些能够准确界定话题的事情。

清单：排队、盒子、制服、联邦大楼、老鹰商标、大串钥匙、信封、邮票设计者、邮票、绳子、明信片、送信、投信口、邮政编码箱、邮政编码箱的钥匙、每月最佳员工、信件、垃圾邮件、包裹、盖戳机、邮筒、快递、出纳员、通缉海报、吉普车、咬人的狗、驿马快递、邮局员工、政府代理、右舵的汽车方向盘、“不管下雨，还是下雪……”的邮政口号。

笑点前提：为缩窄后的范围加上负面的观点

假设你现在已经选择了一个合适的话题，接下来要把这个话题缩窄为一个更具体的概念，我称之为“笑点前提”。我之所以把这个叫作“笑点前提”，是因为你的笑点往往就是在表述这个概念。笑点前提的定义就是，为缩窄了范围的话题加上负面的观点。我所说的“负面的观点”是什么意思呢？我在这个题目下列举一串例子：负面的想法、判断、态度、感觉、情绪反应、信念和价值观。因为我们是基于一些“错误”的事情出发的，所以这里面肯定会有一些负面的观点。而我所说的“缩窄了范围”，就是指所有直接或间接与话题相关的细节。至此，关联清单的好处就显而易见了，对于这些缩窄后的范围，这个清单已经包罗万象了。

为了创作笑点前提，我在缩窄了范围的关联清单里选择“送信”这一点，并为其加上“工作不力”这个负面观点。

笑点前提：送信工作不力

重要提示：笑点前提不能包含具体例子。如果它包含一个关于邮递人员如何在送信方面工作不力的例子，就会把笑点前提限制在和这个例子相关的领域里。下面就是一个受到了限制的笑点前提，里面包含了具体例子。

不好的笑点前提：送信不力，总是送错地址。

这是一个用错误方式构建的笑点前提，它会限制我们的方向，只能写邮递人员在找正确地址方面如何无能的笑话，而把他们的其他不称职行为排除在外，例如行动缓慢、排班粗心、故意送错地址、送错邻居的邮件，或者任何我们可能创作笑话的行为。笑点前提应该仅仅包含一个具体的话题，以及关于这个话题的负面观点。

在笑话勘探器这个系统里，精心设计好的笑点前提是关键所在。如果你的笑点前提没有构建好，接下来的其他步骤就会走入歧途。花点时间确保你的笑点前提设计正确，然后再进入下一步……

铺垫前提：与笑点前提相反的观点

正如笑点是笑点前提的某种表述方式，要写出铺垫，你需要不同的观察角度，要做到这点，你需要写出另一个东西，我把它称之为“铺垫前提”。铺垫前提依然是关于同一个具体话题的，但其观点却正好相反。这一步很简单，你要做的全部工作只是给笑点前提换一个完全相反的观点。铺垫前提是一个概念，你最后写成铺垫，就是从这个概念里提炼出来的。

笑点前提：送信不力。

铺垫前提：送信出色。

重要提示：不要把铺垫前提当作铺垫。有些人会觉得困惑，因为铺垫前提看起来就像一个很好的铺垫，他们已经能据此写出一个笑话，然后就不知道下一步该怎么办了。其实，如果你的铺垫前提是按照正确的方法建立的，你应该可以据此写出一大堆铺垫。

铺垫与笑点的关系：直接相反或递进相反

查理·卓别林很久以前说过：“喜剧是两种相反意见的碰撞。”这个说法放在今天依然正确。笼统地说，铺垫与笑点的关系是相反的，其表现形式为：要么直接相反，即从好到坏；要么是递进相反的，即从坏到更坏。我们可以分析一下这种关系，从而说明为什么要在笑点前提和铺垫前提中设置截然相反的观点。

一个“从好变坏”类型的笑话，其关系是“直接相反”的，因为铺垫是关于“好”的事情，而笑点是关于“坏”的事情。要看清楚这种笑话的运作方式，我们可以看看斯蒂芬·金的这个例子。没错，这个著名的恐怖小说作家有着非常淘气的幽默感。故事是这样的：一名记者问他是从哪里获得了这么富有想象力的创作灵感，他回答说：“我到现在还拥有一颗童心……它就放在我书桌上的罐子里。”

为了揭示这种相反，我们可以深入分析这个笑话的基本构成元素。概括地说，铺垫是说这个作家有一颗儿童般好玩的、富有想象力和创作精神的心，这是“好”。然后，笑点给了我们一种完全相反的感觉，这个作家在他书桌上的腌罐里放着一颗真正的儿童心脏。我想绝大部分人都会把这视作“坏”吧。

铺垫和笑点的另一个关系是“从坏到更坏”，这种程度递进的关系没那么容易看清楚。为了让你明白我的意思，举一个我的学生德里克·麦库西克（Derek Mckusick）的例子。

在五个姐姐身边长大的结果是我的世界观被扭曲，直到16岁我才意识到自己其实很胖，并明白肚子里装着的也不仅仅是水。

在铺垫部分，德里克说他如何深受五个姐姐的蒙骗，让他相信自己其实不胖，而实际上他很胖，这是“坏”。然后在笑点部分，16岁时，他终于意识到自己其实很胖这个事实，同时还意识到原来自己的肚子里除了水还装着别的东西，这就是“更坏”。

不管是“从好到坏”还是“从坏到更坏”，你的笑话始终要朝着更加负面的方向前进。如果你觉得这样不舒服，一定要学会适应它，这是一个屡试不爽的方法，当你创作笑话时，它迟早会变得很有用。

创作铺垫：铺垫前提的具体例子

铺垫前提存在的意义是让你可以据此写出很多铺垫，最佳的方法是这样的：根据铺垫前提想出很多例子，然后用短句子把它们写下来。记住这点很重要：铺垫前提并不是铺垫。在你创作笑话时，如果把铺垫前提当成了铺垫，那么最后你只能创作出一个笑话。这就违背了这套系统的初衷，因为该系统是为创作很多笑话而设计的，多到能组成一整篇稿子。

下面是几个关于由于邮局的铺垫。

铺垫前提：送信工作得力。

铺垫：

a. 邮局员工其实很有效率。

b. 我从来没有误收别人的邮件。

c. 他们很善于转发邮件。

以上这些铺垫都是反映邮局工作得力的例子，这看起来很简单，实际上极具挑战。因为铺垫前提的观点与你的实际感受是相反的。你可能要运用想象力才能虚构出这些例子。“工作得力”并不是我对邮局送信能力所持的观点，但为了写出上面这些铺垫，我不得不把自己的个人感受放在一边，把这个铺垫前提当成是真的一样去想一些例子。记住，这些只是铺垫，在笑点部分，你将有机会表达自己的真实观点。回到开头的例子，看看我是如何用铺垫 a 写整个笑话的。

邮局的工作人员其实是很有效率的——当他们用枪的时候。

我希望我已经把笑话地图的不同术语都讲清楚了，如果你还是对“话题”“笑点前提”或“铺垫前提”的意思和用途不清楚，请从头再看看本节。在继续往下读之前，你必须对这些概念很熟悉，并了解它们彼此间的关系。

搜集材料：从话题到铺垫

本节我们会完整地用笑话勘探器演示如何创作一条新的笑话，先从笑话地图开始，在话题里生成铺垫，然后把这个铺垫放到笑话宝藏里，最后写出笑点。说到这里，我想重申一下这个观点：通过提问来挖掘笑话。

脱口秀秘诀 07 ▶

通过提问来挖掘笑话

STEP BY STEP TO STAND-UP COMEDY

提问是创造性的基础，提问本身就能帮助你开始创作，但如果你在寻找话题、笑点前提、铺垫前提或铺垫的过程中还有更多问题要问，那就尽量去问吧。

在打开笑话地图和开始摆弄指南针之前，还有一件事你要牢牢记住。在运用笑话勘探器时，不管在哪一步，你的脑海里都有可能突然蹦出一个笑话，那是非常好的事情。这个过程的终极目的就是要让你找到创作笑话的方法，如果这些笑话不是遵循笑话勘探器的步骤得到的，并不意味着它们不是好笑话。接受这个上天恩赐的礼物，把它们写下来就是了。这个笑话创作系统就是基于这样的原理而存在的：当你给一个富有喜剧感觉的头脑输入一点信息，它就会哗啦哗啦地往外冒出笑话。所以，大胆去想。现在，让我们正式开始创作笑话这盘大生意吧。

步骤 A：列出话题

为了给笑话地图多增加一些外部的影响力，我邀请我的朋友，同时也是喜剧界的专家弗兰克·米尔斯（Frank Miles），为我们这一章增加一些例子。一如既往地，我们从提出这一个步骤的问题开始。

Q：有些什么事情是我认为不对的，而我又很有兴趣谈论的呢？

A：话题

a. 恐惧。

b. 机动车部门。

c. 我的家庭。

d. 曲棍球。

记住，这些都是弗兰克自己列出来的，你可能会有一个完全不同的列表，如果你没有，那你可能就是弗兰克。

步骤 B：挑一个话题，再列出一个话题关联清单

选择那些对你来说最有意愿去讲的话题。弗兰克有很多关于他家庭的故事，所以他选择了：“我的家庭”。

接下来，要建立一个关于“我的家庭”的相关列表，以便生成一些与这个话题相关的想法。

Q：关于这个话题，我能想到的所有事情有哪些呢？

A：清单：

我的妈妈。

我的爸爸。

我的兄弟。

家庭度假。

家庭晚宴。

家庭聚会。

弗兰克最初列出来的清单是无穷无尽的，因为这个话题实在太宽泛了，这个是缩减的版本。在列你自己的相关清单时，要尽可能长一点，在写的时候，记得手边多备一些纸。你可能会写出好几件有趣的事，写出好几个笑话，甚至写出一整段的稿子。你列出来的清单也许会刺激你的喜剧神经，那么接下来你就可能顺势写出一个完整有趣的故事。这些都属于笑话生成的过程，好好享受吧。

步骤 C：创作一些笑点前提

请特别注意创作笑点前提的原则，记得要给一个已经缩窄了范围的话题，加上负面的观点，而且不能包含具体例子。这一点很重要，很多学生在这一步偏离了方向。如果你的方向偏离了几度，那么你走得越远，偏离的幅度自然也会

越大。多检查几遍你的笑点前提。如果你不清楚去哪里找一个缩窄了范围的话题，检查一下你的话题相关列表，里面随便抓一把都是。

Q：关于这个缩窄了范围的话题（我的家庭），我能为它们加上什么样的负面观点呢？

A：笑点前提：

a. 我和妈妈的关系很差。

b. 我爸爸很蠢。

c. 我的兄弟只会把事情搞砸。

d. 我们的家庭假期糟糕透顶。

再检查一次这些笑点前提。它们是不是已经比你的话题具体得多了？是的。它们包含了负面观点了吗？是的。它们是不是提到了具体的例子？没有。好，那它们就是合格的笑点前提。当然这些都是基于弗兰克的话题相关列表，放在你身上不一定适用，还有很多缩窄了范围的话题，你可以给它们写出很多笑点前提。

我的学生有一个经常会犯的错误，当他们遇到一个里面包含了精彩观点的笑点前提时，他们会兴奋地把它直接当成铺垫。这种做法也许能行得通，但一个笑点前提最后其实可以生成很多笑话。所以不妨目光远大一点，尽量把它写成一整段的稿子。

步骤 D：为每个笑点前提创作一个铺垫前提

接下来，就要为每一个笑点前提创造铺垫前提了。这一步很简单：针对笑点前提里包含的负面观点，为它们找到一个对立的、正面的观点就行。通过提问，这一步即可完成。

Q：我选定的这个笑点前提，它的对立观点是什么？

A：铺垫前提：

a. 我和妈妈的关系非常好。

b. 我爸爸很聪明。

c. 我的兄弟能让事情锦上添花。

d. 我们的家庭假期非常愉快。

步骤 E：选择一个铺垫前提，并写出一系列铺垫

最后弗兰克和他妈妈之间的故事最多，所以他选择了“我和妈妈的关系非常好”。现在他可以开始写铺垫了，只要想出能表达这个铺垫前提的例子和说法就行。记住这点很关键，因为铺垫前提里的观点往往是不真实的，要回答这一步的问题，你需要运用想象力。要发挥创意想出一些例子和说法，把铺垫前提说得好像是真的一样。

Q：有些什么例子或者说法能表达我的铺垫前提（我和妈妈的关系非常好）？

A：铺垫：

a. 我经常问候我妈妈。

b. 每一个节日我都给妈妈送花。

c. 我在成长阶段和妈妈发生过矛盾，但现在我已经长大了。

d. 一想到妈妈就能令我嘴角泛起微笑。

弗兰克写了比这多得多的铺垫，但我整理出了这四条，因为它们是其中最好的。所有这些铺垫都贯彻了一个说法，即“我和妈妈的关系非常好”。

当你创作时，记得不要往一个铺垫里加入太多的信息，因为随这些信息而来的假设可能会让你失去方向。让铺垫尽可能简短，仅仅包括你需要的信息即可，千万别贪多。在顺利完成笑话地图这一步骤后，现在是时候进入到笑话勘探器的下一步，即笑话宝藏了。我们现在开始深挖弗兰克的其中一个铺垫，看看里面都藏着什么笑点。

笑话宝藏：从铺垫到笑点

由于我们已经梳理了一遍笑话宝藏，现在我们可以快速展示一下它和笑话地图之间相辅相成的关系。

选择一个铺垫，列出各种假设

弗兰克的选择是“我经常问候我妈妈”[①]。

Q：对于这个说法我有什么样的假设？

A：假设：

a. 问候的意思是关心她。

b. 这种联系是令人愉快的。

c. 她是我的亲生母亲。

你在创作自己的笑话时，可能会在任何阶段想到一个笑点，当这种情况发生时，记得马上写下来。

选择一个目标假设，找出连接点

弗兰克选择了假设 a 作为目标假设，因为这是最明显的一个假设。

目标假设：问候的意思是关心她。

现在通过提问来揭开哪个是连接点。

Q：是什么令我产生这个目标假设的？

连接点：“问候”这个词。

① 英文原文是 call，连接点在“问候”和“打电话”这两个意思里，此处根据中文用法改成了“问候”。

列出几个对连接点的再解读

通过提问，他得出了再解读。

再解读：

a. 问候的意思是大声叫某人的名字。

b. 问候的意思是裁判喊出的口令或裁决（即 call 这个词在英文里的其中一个原意）。

c. 问候的意思是惩罚某人。

选择一个再解读，完成故事 2

在这三个再解读里面，法兰克选择了再解读 c。

再解读：问候的意思是惩罚某人。

请看现在的再解读，“我问候我的妈妈”，这个问候必须符合笑点前提“我和妈妈的关系很差”。对这一步提问。

Q：关于这个铺垫，有什么具体的情景可以解释我的再解读？

A：我用难听的话来惩罚我妈妈，这能解释我和她的关系很差。

现在再进一步深入细节，看看你叫她什么样难听的别称。

Q：当我问候她时，我还说了什么难听的话？

故事 2：我骂她是泼妇和酒鬼，冲她大吼，把她当年经常把我关在衣柜里的事抖出来，说她把我的人生都毁掉了。

看，现在就清楚得多了。虽然这些内容听起来很残酷，但确实不是每个人都和父母保持着良好关系的。

写一个笑点来阐述这个故事 2

要创作出笑话，现在的任务就是把故事 2 提炼成一个简短的笑点。当你执行这个任务时，你可能要提很多的问题，直到找到合适的遣词造句来挠中你的胳肢窝。记住，言简意赅是关键。

Q：在铺垫之余，还需要什么信息来讲清楚我的故事 2？

A：我经常问候我妈妈，但在这样高雅的聚会上，我可不敢告诉你们，我用了什么好话来问候她。

就这么简单。这就是不需要等待缪斯出现就能写出来的笑话，你只需要按照笑话勘探器的方法，从笑话地图到笑话宝藏，按部就班就能做到。可以对这些步骤作简单总结。

话题：我的家庭。

笑点前提：我和妈妈的关系很差。

铺垫前提：我和妈妈的关系非常好。

图解 12 阐释了从话题到笑点的产生过程，再次提醒，请注意笑点前提和笑点是如何表达负面观点，以及铺垫前提和铺垫是如何表达相同观点的。

我经常问候我妈妈。

铺垫	目标假设：问候的意思是关心某人。 连接点："问候"这个词。 再解读：问候的意思是惩罚某人。 故事 2：我骂她是泼妇和酒鬼，冲她大吼，把她当年经常把我关在衣柜里的事抖出来，说她把我的人生都毁掉了。但在这样高雅的聚会上，我可不敢告诉你们，我用了什么好话来问候她。
	笑点

图解 12

笑话地图的可选项：规划另一个方向

笑话勘探器系统可以提供很多种选择，如果你不满意自己写出来的笑话，换一个方向是很简单的事。由于我们已经在第 2 章讨论过笑话宝藏的可选项了，我在这里只列出笑话地图的可选项。

重新回到步骤 E：选一个不同的铺垫前提

要想写出一整段的笑话，一个有效的方法是选择另一个铺垫前提，然后写出更多铺垫，然后带着这些铺垫重新进入笑话宝藏中去。

重新回到步骤 C：创造更多笑点前提

你会惊奇地发现，每一个话题都有很多潜在的笑点前提。如果你写出来了一些，请接着写出更多。关联清单上的每一个单项内容，都能用来创作一个笑点前提。就我的个人经验而言，关联清单几乎可以说是无穷无尽的。

重新回到步骤 B：选择另外一个话题

一旦你已经把某个话题完完全全挖掘干净了，你可以去笑话地图的最顶部，选择另一个话题。笑话勘探器系统的优点就是你可以穷尽所有的可能性，什么都可以写。

重新回到步骤 A：列出更多话题

当你把话题都用光以后，可以开始搜索其他和你相关的事情，或者其他负面的想法或感觉。记住，喜剧是用来对付痛苦的一种痛快方法。对于喜剧来说，往往是越堕落，越快乐。

个性化

对于笑话创作，笑话勘探器是唯一一个手把手辅导的系统。笑话地图的目的是帮助你选择话题，以便写出铺垫。然后你就能用这些铺垫挖开笑话宝藏，发现笑点。虽然这是一个系统化的过程，但它并不要求你机械地遵循顺序。你可以毫无顾忌地在各种想法之间穿梭，找到适合你的方法，塑造你自己的风格。

我有一个学生，他按自己的个人风格改造了整个系统。他先创作了笑点前提，然后跳到笑话宝藏的最后一步去写出笑点，再然后，他回到笑话地图，标出铺垫前提，最后为他的笑点写出铺垫。这就是对他有效的方法，你也可以找出对你自己有效的方法。

现在是时候用笑话勘探器来练习如何创作笑话了，附录 2 的表格包含了笑话地图的步骤，这些步骤能指导你写出铺垫。要用这些铺垫来创作笑点，你要用到笑话宝藏的表格（请参见附录 1），请单独用一张纸，以便你可以尽情探索所有的选项。当你做这些练习时，记得你是有很多种选择的。笑话创作是一个过程，并没有一个终点。

04

从搞笑到爆笑

STEP BY STEP TO STAND-UP COMEDY

提升和打磨段子

一位著名的作家曾经说过："世上没有写作这回事儿，只有不停的改写。"这话听起来可能有些极端，但确有其道理。有了第一稿之后，稿子可提升的空间还很大。有时候你可以一步到位，直击笑点，但更多时候你需要不断打磨，尝试不同的技法之后才能让段子呈现更出色的效果。

在本章中，你将学习到打磨段子的基本原则，以及提升段子的技巧。这些方法基于我个人作为脱口秀演员的亲身体会，同时也结合了多年来我合作过的众多成功脱口秀演员的实际写作技巧。但要提醒的一点是，这些并非教条，而只是一些基本原则。最终，对你有用的才是最适合你的，看看哪些是适合你的吧。

先提醒一句：在创作阶段不要考虑段子的提升和打磨。创作和编辑是两个区别很大且各自独立的工作。写新段子时就快速不停地写完，之后再回来打磨你的这些段子。否则你就会失去动力，错过很多提升的机会。而且，你常常会发现，一两天后你再回头看你写过的段子，往往会有新的角度和想法。所以，先写出来，之后再提升。

精简

莎士比亚曾说过：简洁即幽默。冗余累赘是好笑话最大的敌人。前面教大家学习写笑点的时候，我曾简单地提到这一点。

我的学生，特里·R. 杰克逊（Terry R.Jackson）曾在我的培训班上讲过一个很搞笑但太过冗长的笑话[①]。

前一阵我和老婆闹离婚。这个过程漫长又复杂，最后我和老婆还是离婚了。之后我就去了丹麦度假，我的性生活的数量因此有了很大的改变。原来很少有一次。现在连一次都没有了。

这条笑话的核心想法很好，但故事 2 包含了大量冗余信息，观众不需要知道这些信息就可以理解笑点。而且，观众会很晕，因为多余的细节太多，他们根本不知道需要被打破的假设是哪一个。

脱口秀的一般规则是，观众要对你的笑话有回应，而不是去思考你的笑话。这么说并不代表你不可以写一些需要思考的、有智慧的段子。它的意思是，即便你表达的是一个新奇的想法，也应该简单明了，让观众不用大费周章就明白你在说什么。

喜剧有其自身的能量守恒定律：观众用了多少能量去思考，他们便少了多少能量去发笑。这就是为什么我们给观众提供必要的信息就够了，千万别过量。

铺垫部分提供的信息应该刚好能够让观众产生目标假设，越简洁越好。之后给观众笑点，即通过再解读打破目标假设。仅此而已。

我跟特里讲了这个原理，并建议他再读一遍如何打磨段子的课堂资料。第二

① 原文中的例子是一个关于 Sex Change（变性）的文字梗，译文有所改编。

周他回来上课的时候，把这个段子改成了：

我离婚后，性生活的数量有了很大改变：原来很少有一次，现在连一次都没有了。

这是一个结构很好的段子，用词不多不少。改过之后的段子能引起更大的笑声，到达笑点需要的时间更短。到达笑点越快，每分钟笑声数就越多。精简是提高每分钟笑声数的重要方法。

笑点用“底”收尾

每个笑点都有一个关键的词、短语或动作来揭示出再解读，从而打破目标假设，让观众笑出来。从观众的角度看，这个关键的词、短语或动作存在于笑点之中，我们将其称之为笑点的“底”。

要有效地构建一个笑话，要保证“底”在笑点的最后出现。把“底”放在正确的位置十分重要，因为它决定了观众何时发笑。如果“底”在笑点中过早出现，观众会开始笑，而你还在继续说，他们会停下来听你说什么。

记得有天晚上在好莱坞的喜剧商店（Comedy Store）[①]，我目睹了一名喜剧演员“训练”观众停止发笑的过程。最开始，观众听到这个演员的段子会笑，但因为他的“底”在笑点中过早出现，他要吼着盖过观众的笑声才能讲完笑点。显然，观众很快就学会了安静下来，不过还能享受这次表演。这不是我们想要教给观众的东西。10分钟后，观众已经不再大笑，只是礼貌地微笑。而这个演员因为没有得到预期的笑声变得烦躁起来，他开始指责观众不够好。此时观众连微笑也没有了。造成这样的结果，很大部分的原因就是这个演员不知道要把笑点的“底”放到最后。关于这一点，脱口秀演员有两个常见的错误。

① 1972年成立于好莱坞的脱口秀俱乐部。

错误 1：笑点的“底”出来后加冗余的话或动作

笑点的“底”出来后还继续讲，是最常见也最恼人的错误。其原因一般是脱口秀演员在观众笑了之后加一些未经思考的废话。例如，我有个学生写过这样一个段子。

你们知道为什么同性恋那么会穿衣打扮吗？你试试 20 年都待在衣柜里，看看会怎么样。

“看看会怎么样”跟段子没有任何关系，应该删掉。下面是正确改写后的段子，以“底”收尾。

你们知道为什么同性恋那么会穿衣打扮吗？你试试 20 年都待在衣柜里。

衣柜是“底”，后面再加任何东西都会削弱段子的效果。

错误 2：“底”和其他重要的信息混在了一起

确认段子的“底”至关重要，否则它可能和其他不那么重要但对整个笑话起作用的信息混在一起。

保险公司推出了新险种：火灾盗窃险。但是只有当你家着火的时候被偷才会赔偿。

你能看出来如何让这个段子更好吗？它的结尾是“才会赔偿”，这是一个重要的信息，但是没有段子的“底”，即“你家着火的时候被偷”重要。下面是更有效的措辞。

保险公司推出了新险种：火灾盗窃险。但是赔偿的条件是你家着火的时候被偷了。

对比这两个版本，把“底”放在笑点的最后可以让段子的效果更好。当然，由于句子结构的限制，或者需要用特定的方式传达信息，你不可能每次都把“底”缩成一个词或短语放在段子的最后，那就在保持语句自然的情况下，尽可能放在笑点最后。

现在你已经知道了这个技巧，到电视上看看那些脱口秀表演，数一数那些专业脱口秀演员有多少次放错了“底”的位置。然后表扬一下自己，你已经知道如何正确地给笑点收尾了。

使用三段式结构

这一技巧在脱口秀演员之间流传很广，它是一种可以带来笑声的神秘法则。但是你问他们，为什么那么多段子都用这种三段式结构时，他们往往却说不出来。

不过，你一定知道，同一种节奏很容易让观众产生假设，即接下来还会是同样的节奏。而构成一个节奏最少需要几个音节呢？对，两个。两个音节构成一个节奏、一个假设，第三个音节打破这一节奏，打破假设。这是经典的笑话结构。

时刻注意三段式结构，因为这是构成笑话的重要线索。

使用常识

如果观众不明白你在说什么就不会笑。如果某个词或某个引用语对于段子的理解非常重要，你必须要考虑观众对此是否熟悉。有时候你要选择观众更熟悉的加以替换。

如果有些参考信息对于你讲的段子十分重要，而这些不属于常识范围之内而且又找不到合适的替代，那就在铺垫部分说出这一信息。但可惜的是，有时解释了这些参考信息会让笑话失去效果或者提前暴露笑点。

如果观众不知道某个词的意思，你去解释也没有用。他们理解不了你的笑话，你只能说："你当时在场的话就能明白这个笑话了。"

尽量代入角色

从某种意义上说，这也是写小说的一个基本原则：表现出来，不要描述出来。为此，当段子里涉及某个场景或对话时，带着角色表现出来。这样你既扮演自己，又成为场景中的其他角色。

下面一个例子来自我的学生戴维欧（Davy-O）。他先点上一支烟。

我女朋友问我："你怎么知道什么时候该抽烟？"我说："嗯……每次你一开口说话就该抽了。"

大家留意一下，这里是在引语前用了"问"和"说"，这是正确的做法。如果在引语中间加入"我说"，不但会干扰语流，也会让观众搞不清到底是谁在说。讲脱口秀时用代入角色对话的方法，可以还原场景，让表演更真实，加强互动性，也有助于发现更多的笑点。

慎用双关梗

双关梗是一种老套过时的喜剧形式。在综艺表演中，这种形式还可以接受。如果你读一读那些过时的脱口秀段子，你会很容易发现下面这种类型的段子。

溜冰场提醒大家：小心地滑。

需要承认的是，有时候双关会很好玩，尤其是像下面这种很烂的。

朋友说："快看，沙滩上的人走光了。"我跳起来一看，果然走光了，一个人都没有。

虽然双关拿来逗朋友可能会有效，但如果在专业脱口秀表演中使用，很可能会招来观众的嘘声。其中的原因可能是，一个好的笑话，像一个很赞的魔术一样，只有当观众不知道窍门时才会有效，而双关在所有笑话类型中最直接地暴露了其本身的内在结构。更糟糕的是，很多人在说双关的段子时好像在说："看，我多聪明，我多擅长文字游戏"。我不知道你会怎样，我的第一反应是想离这个"双关佬"远远的。

基于这些原因，通常双关段子不会很好，除非是下面三种情况。

- 双关非常有智慧，听起来很有趣。
- 双关有言外之意，会引起大家的一些回应。
- 故意用双关获得观众的嘘声，因为你准备好了怎么反击。例如在圣地亚哥，我看到一个街头艺人故意用双关引起观众的嘘声，然后反击说："看，如果你们有品位的话，就压根儿不会在这里。"

为了反击获得笑声而用双关是值得的，但这种方法一场表演只能用一次。

有学生反对我对双关的看法，他认为"嘘声总比没有反应好"。当然这取决于你。但一定要清楚自己的目标是什么。如果你想要嘘声，那就多用双关。如果你想要更多的笑声，那就为了这个目标而努力，不要为表演不好找借口。

角色具体化、个人化

让段子中的角色尽量真实具体会大幅提升段子的效果。"两个人走进酒吧"

这种说法早已过时多年。观众想知道这两个人是谁。给他们这个信息能营造出小说作者所谓的“逼真”效果。稍微加一些细节可以让你的叙述更生活化，也更可信。

把段子中的角色设定为你的朋友、亲戚，或者公共人物，不要是某个模糊的人。下面我们用麦克·宾德（Mike Binder）的一个段子为例详细说明一下。

我爸妈把我弟弟送去了法学院读书。他现在毕业了，正在起诉学校浪费了自己七年时间。

这个段子也可以说成“有位家长把孩子送去法学院读书，”但麦克·宾德用自己的父母和自己的弟弟来说。他有没有弟弟不重要，因为脱口秀演员常用不存在的兄弟姐妹或亲戚来让段子更加个人化。

使用观众知道的真人也能提升段子的效果，例如：雪儿（Cher）的胸部有一个蝴蝶文身[①]。现在看起来很好看，但当她 80 岁的时候，这个文身就会看起来像只又老又丑的大蝙蝠。

其实这个段子的原型是个老段子：“我看到一个年轻女孩在胸部……”将这个段子套在雪儿身上会显得更真实，显得没有那么荒诞。

要让你的段子更加个人化，还有一个方法是让你的段子跟某个观众有关。比如，你说有个人有高度近视，不如直接说观众里那个戴眼镜的人，这样效果更好。

（把观众的眼镜取下来）呀，你可以拿来放太阳下面烧蚂蚁啊。（自己戴上）哇，我能看到手里面的骨头。（看看旁边的女士）身材真好。（把眼镜递回去）还给您，哈勃望远镜先生。

像这样的一段表演能大大增强和观众的互动，而且常能以即兴的形式出现，让人觉得你更有智慧。

① 美国乐坛常青树，其身上的文身颇具特色并被观众熟知。

素材本地化

同样，在段子中可插入当地的地标，附近城市，当地的酒店、商店、饭店等。它并没有你想的那么难，还能让观众反应更热烈。

如果你有一个和饭店有关的段子，用当地人都知道的饭店的名字，不要讲“我有天在某家饭店吃饭”，而是说“我有天在海底捞吃火锅”；如果你有个关于超市的段子，不要讲“我在超市如何”，说“我在沃尔玛”。

每个地方都有一个大家鄙视的地区。你可以事先去了解这个地区的名字，在段子里使用。如果你的段子里有个不受欢迎的角色，就让这个角色来自这个地区，观众会很喜欢的。

如果你有个关于烂酒吧的段子，问问当地人哪个酒吧适合你代入进去讲。

我走进（当地烂酒吧的名字），看到一个家伙躺在地板上，一群人围着他猛揍。我问服务员：“你干嘛不叫警察啊？”他说：“你疯了吗？还叫一个来挨揍？”

有时候，观众听到自己的家乡在你的表演中成为经典素材时，会给你意想不到的热烈回应。这招太好用了，这让有些脱口秀演员对此嗤之以鼻，因为太简单了。我建议大家在初级阶段多多练习使用。

联系热点事件

有这样一个老段子。

一个美国游客在巴黎的街上闲逛，她老婆在一个店里逛。妓女上来搭讪说：“100 块要不要服务？”男人不想，就找了个借口说身上只有 5 块。那天晚上男人和他老婆在街边又遇到了这个妓女，妓女看了一眼他老婆说："看，5块就只能找这样的吧。"

这是一个还不错的老段子，能得到一些掌声，但是如果把它改成克林顿和希拉里在莫斯科访问，段子的效果会提升非常多。这样的话，老段子就变成了一个热点事件段子，达到了新的高度。试试把你的老段子和当前的热点事件联系起来，这样你的段子可以更加新潮。

这里有个小窍门：为每年那些特殊的日子备好一些段子，如圣诞节、万圣节、秘书节等。这样每年你都可以讲这些"热点"段子，它们从来不会过时。

威尔·德斯特（Will Durst），住在旧金山湾区，每年都可以讲下面这个段子。

在旧金山，万圣节是多余的。

玛利亚（Maria）出生在墨西哥，她跟我学习脱口秀几年了。每个圣诞她都可以讲下面这个段子。

在美国这边，你们有很多的圣诞老人。但是在墨西哥，我们没有圣诞老人——他们都来这边找工作了。

可以使用语法错误的语言

人们说话和写作用的语言不一样，所以你写段子的时候要用说的语言。正确的语法和句型跟搞笑没有任何关系。而且，僵化的用词往往不如日常对话自然流畅。

下面是汤姆·麦克蒂格（Tom McTigue）海绵渔夫段子的一部分。

老渔夫们围坐在一起讲着那些捞海绵的段子："太大了！你见过最大海绵！都快吸我走了！大！要包我起来！"①

通过这些有语法错误的不完整的句子，汤姆精准地表达了老渔夫们自然讲话的方式。如果你的角色会说一些带语法错误的句子，让他去说。修改语法只会给段子减分。

自创词汇，词语新编

脱口秀演员这个职业允许我们把玩语言来制造笑料。例如，罗宾·威廉姆斯有个关于离婚（divorce）的段子：

divorce 一词来源于拉丁文 divorcerum，其本意是"通过钱包来扯蛋"。

当然，divorcerum 其实不是一个拉丁词，但这听起来很好玩，也适合这个段子。对喜剧来说，这已经足够了。

允许自己自由地把玩语言。不要担心学过的语言规则。语言就是你的喜剧黏土，你可以任意地揉捏组合，为你的段子服务，来打造真正的笑料。

有时候视觉梗有奇效

有时候看一个段子比听一个段子更好笑。如我的一个学生艾伦·博卡尔（Alan Bockal）讲过的段子。

① 原文为："He was huge! Biggest sponge you ever seen! Damn near absorbed me! Huge! Had Comet all over him!"

大家可以去高速公路出口找我。我会举个牌子，上面写着。
（他举起一个纸板，上面写着：取了个犹太人老婆，不工作不让上床）

艾伦也可以把这个段子直接说出来，但这样举个牌子，摆出一副高速路口无业人员的样子，效果会好很多。

脱口秀演员兼吃货凯文·詹姆斯（Kevin James）有一个经典段子吐槽某款车有多小。当然，他可以告诉观众说坐进车里就像钻进一件夹克一样。但是，他的演绎方式是视觉上的，他假装坐在车里，抓着甜甜圈大小的方向盘，两个手肘靠在两边的车窗上。观众直接看到坐在车里有多么不舒服，这样做带来的笑声是任何描述都无法达到的。

不要只是去讲，试着把场景演出来。当然，要小心道具的使用，其原因倒不是这样做有欺骗嫌疑或者太低级（有些脱口秀演员有这种错误看法），而是因为从现实层面考虑，拖着道具到处去表演会非常麻烦。如果你的段子真的有需要，你又不嫌麻烦的话，放心地使用道具就好。

给段子加连续笑点

顾名思义，给段子加连续笑点就是在一个段子完成后继续加笑点。一个铺垫获得两次以上的笑声能提高你整体表演的每分钟笑声数。

加连续笑点是通向演出成功的必经之路。如果你只是以铺垫加笑点的形式表演，你在舞台上95%到99%的时间都在说铺垫，也就是说你95%到99%的时间是不搞笑的。但是，如果你所有的铺垫后面都有多个连续笑点，每分钟笑声数就会增加，在舞台上搞笑的时间就会增加。如果把铺垫作为一项投资，笑声作为回报的话，加连续笑点就相当于一笔投资获得几次回报。以下是加连续笑点的三种技巧[①]。

技巧 1 使用原有假设

我曾经试过去减肥，但见到我的减肥教练以后我就放弃了，你很难相信一个长得像安西教练一样的人能够帮你减肥。（原笑点）

（模仿教练的口吻）“呃，我最近失恋了，锻炼稍微没有那么有规律了。”（连续笑点一）

“已经练了五分钟了，我们去吃点东西，回来继续练吧？”（连续笑点二）

原笑点和两个连续笑点都是在目标假设的基础上形成的，目标假设是：健身教练应该是强壮的。原笑点打破假设的方式是：健身教练像胖胖的安西教练。然后，第一个连续笑点打破假设的方式是：他很不自律。第二个连续笑点打破假设的方式是：他很贪吃。

技巧 2 根据不同的故事 1 假设加连续笑点

下面是一个带连续笑点的例子，连续笑点打破了不同的故事 1 假设。

我质问米歇尔：“你为什么要背着我跟别的男人约会，我要跟你分手！”她说：“啊？可是我们还没在一起啊……（笑点）你也不看看你自己，两百斤的体重，谁能背得动啊？（连续笑点）

初始笑点打破假设：“我要跟你分手”，说明两个人是恋人关系，再解读是两个人没有在一起，只是“我”的一厢情愿。注意接下来的连续笑点是如何打破另一个故事 1 假设的。故事 1 假设：“背着我跟别的男人约会”指的是偷偷摸摸约会，而再解读是：用身体“背着”他跟别的男人约会。笑点和连续笑点打破的是同一个故事 1 中的两个不同假设。

① 作文例子为译者根据中文语境而重新创作。

你也可以用笑话宝藏来写连续笑点。写完笑点后，回头阅读，看看你的原始假设清单。如果你发现还有一个假设可以打破，又和原来的笑话不冲突，你就获得了一个连续笑点。

技巧 3　由故事 2 创造新的假设

每个新笑点都会带来一个新的故事 2，故事 2 中包含了多个假设。下面的例子还是相同的铺垫，但是笑点不同，连续笑点打破的故事 2 的假设。

> 我质问米歇尔："你为什么要背着我跟别的男人约会，我要跟你分手！"她说："啊？可是我们还没在一起啊……"我说："对，如果你没有这样做，本来我们今天就可以在一起的。"

我们再看，初始笑点打破目标假设的方式："我要跟你分手"，说明两个人是恋人关系，而再解读是两个人没有在一起，只是"我"的一厢情愿。然后注意，笑点"可是我们还没在一起"创造了故事 2，而故事 2 有一个新的目标假设，即两个人不是恋人关系，而这个新目标假设又被"本来我幻想过今天表白后我们就在一起了"这个笑点所打破。记住，每个笑点或连续笑点都带有一个新的假设，会创造出新的故事 2，我们可以继续打破它来加连续笑点。

如果把原始笑点或连续笑点当成一个新铺垫，笑话宝藏也能帮助我们继续写出连续笑点。问问自己对这个原始笑点或连续笑点有什么样的新假设，浏览笑话宝藏中的问题，直到挖掘出另一个笑点。

开始打磨段子的时候可能会觉得麻烦，但是你一旦上手，你会发现它其实像写初稿一样，是一个充满创意的过程。对段子做细微调整，可能会让你的段子从搞笑变成爆笑。坚持修改，当换来越来越多的观众，越来越大的笑声，你会觉得一切都值了。

05

如何把零散笑话组合成脱口秀段落

STEP BY STEP

TO

STAND-UP

COMEDY

现在你已经知道如何运用笑话勘探器来写出足够多的笑话，那么对于这些在不同的前提下得来的零散笑话你会怎么处理呢？是随机组合，还是按照毫不相关的想法组合？这一章会教你如何把零散笑话串到一起，变成一个有内在联系的脱口秀段落。

脱口秀秘诀 08 ▶

整理一个笑话和脱口秀段落的文档

STEP BY STEP TO STAND-UP COMEDY

笑话文档是整理和记录素材的好办法。你可以记录到卡片上，然后放到盒子里，做一个索引；也可以建一个电脑文档。当写完一个笑话要保存的时候，可以根据表达的主题分到两三个类别里去。以下面的笑话为例。

我所有的朋友都说我是偏执狂，但打死我都不会同意这个看法。

我会把这个笑话分到以下三个类别中：偏执狂、心理、朋友。这样在你要写和这几个话题相关的笑话时，你就可以在这些分类中找到它们了。即使你组合出的脱口秀段落更多了，你同样可以用这样的文档系统把稿子整理得井井有条。

以前刚开始写笑话的时候，我会每天写 10 个笑话，连续写上 4 天。在第 5 天时，选出最好的一批归档。我建议你做同样的练习，因为这么做能够每天给你一个目标。如果你一周能写出一个非常棒的笑话，一年下来你就有 52 个令人捧腹的笑话了。

我的好朋友蒂姆·辛普森（Tim Simpson）已经在他的电脑里使用这样的笑话文档足足有 10 年时间了。他最近跟我说他已经积累了超过 15 000 个原创笑话以及一些有趣的观点。当任何一个人让他写一个特定话题时，他只需要简单地搜索一下他的数据库，就能检索出大量这样的笑话来，写作的时候就事半功倍了。

“段落生成器”是一个帮助你把笑话组合成一个段落的工具。不同的人用同样的笑话作为素材，最后会组合成完全不同的段落，因此段落生成器最终如何使用也是因人而异。你可以先自由地使用段落生成器，找到你排列笑话的风格。如果其中任何一个步骤出了问题，或者你感觉没什么用，你可以重新排列或者跳过这些步骤。

我们将一步步地演示这个方法，学习如何将一组无序的笑话变成一个有内在联系的段落。让我们先从我以前写的邮局笑话开始。需要特别注意的是，我所有的笑话并非都是从笑话勘探器中一步步得来的。其中一些不知道为什么就想到了，还有一些是改编自老笑话的，还有一些铺垫不是从铺垫前提得来的，而是随机得到的，等等。有时候我在进行到某一步的时候，脑子里突然就有了一个铺垫或者笑话；而有时我在做这些步骤时没有想到任何东西，但第二天早上醒来，笑话却突然闪现在我的脑海里，快到我都来不及记下。有一些笑话甚至是来自其他人的灵感。它怎么发生的并不重要，只要最后的结果是相同的，即好的笑话。下面是一些有关邮局的笑话。

1. 邮局的标志是一只展翅高飞的雄鹰。是不是啊？它应该是一个打瞌睡的懒汉才对啊。

2. 我并不介意排长队，假如我最后排完队能到达马特洪峰[①]的话。

3. 当排队的队伍很长很长时，我大喊："这队伍越来越长了。你们不如再关掉一个窗口好了！"他们就真的关掉了一个窗口。

4. 邮局的工作人员其实是很有效率的——当他们用枪的时候。

5. 我不明白为什么有那么多邮局员工会被他们的同事杀掉。他们应该是被满腔怒火的顾客杀掉才对。

6. 如果邮局要像一个真正的企业那样运营，其难度应该和在印度成功开一家牛排店差不多。

7. 邮局有一些名人系列纪念邮票，如玛丽莲·梦露、马丁·路德·金，为什么没有查尔斯·曼森（Charles Manson）[②]的系列呢？他也是名人啊。

8. 邮票上只有像轧棉机或蒸汽机那些老式的发明。为什么就不能有一些现代的重要发明呢？比如说隆胸。

连续笑点（1）：嘿，这样我会变成集邮爱好者。

连续笑点（2）：他们可能会把邮票成双成对地发布。

9. "邮局服务"中的"邮局"和"服务"是一对反义词。

10. 我浏览他们的照片墙，特别留意到了一张绷着脸、恶心、下作的照片，喔，原来是他们的当月最佳员工。

11. 听了我的意见之后，一个邮局职工跟我说："你不能侮辱我们邮政人员。"我说："为什么不能？"他说："因为我知道你住哪里。"然后我反击他："得了吧，即使你在我后面跟着我，最后你也会走错到别人家里。"

12. 设计邮票的人从来没有设计过纪念邮局的邮票，他们是担心人们把口水吐在错误的一面吗？

这些笑话是讲脱口秀的起点。可能有些你喜欢，有些不喜欢。但请记住，它们是用来讲的，而不是用来读的。并且，在这些笑话能被表演之前，我们还有很

① 是阿尔卑斯山脉中最为人熟知的山峰，海拔 4 478 米。

② 美国一个超级杀人魔。

长的路要走。而我们接下来的挑战是要通过后面的四个步骤，把它们整合到一个有内在联系的段落当中。

把每一个笑话放到一个独立的索引卡里

把每个笑话单独放到一张大小适中的索引卡里，或者把每个笑话在电脑屏幕上单独摆放一行。如果这个笑话和其他笑话是前后呼应的，或者是有连续笑点的，那就把它们都放在同一张卡片里，或者在电脑屏幕上按已经固定的顺序紧密排列。如果你一直有整理笑话文档的习惯，这些笑话应该已经在索引卡上了，或者在你电脑的某个文档系统中。假如你打算以脱口秀为生，你会源源不断地产生很多灵感并写下很多笑话，因此你需要养成一个整理笑话的习惯。

把笑话归类

你的笑话可以通过卡片分组的方式来整理进不同的目录。如果你已经用笑话勘探器写下你的笑话，根据你的话题前提，它们通常就已经是一个类别了。当然，这不是一成不变的。有时候，从一个前提得到的笑话反而会与从其他话题得到的笑话更加匹配。笑话写作不是一个线性科学，它飘忽不定，无法预测。所以在这一步，我会要求你花点时间来评估你的笑话，并把它们归类到相关的类别里。

下面是我已经分到不同类别且加了解释的邮局笑话。至于如何整理，并没有什么规则，也不必苛求完美。你在后面随时可以改变它们的顺序。

我把笑话 1、6、9 放到一起归到“服务类”中，因为它们都是从不同的角度来反映邮局糟糕的服务记录。

服务

1. 邮局的标志是一只展翅高飞的雄鹰。是不是啊？它应该是一个打瞌睡的懒汉才对啊。

6. 如果邮局要像一个真正的企业那样运营，其难度应该和在印度成功开一家牛排店差不多。

9. “邮局服务”中的“邮局”和“服务”是一对反义词。

笑话 2 和笑话 3 都是关于邮局排队的。

排队

2. 我不介意排长队，假如我最后排完队能到达马特洪峰的话。

3. 当排队的队伍很长很长时，我大喊：“这队伍越来越长了，你们不如再关掉一个窗口好了！”他们就真的关掉了一个窗口。

笑话 4、5、10、11 都是关于邮局员工的。

邮局员工

4. 邮局的人其实挺有效率的，我的意思是说，当他们用枪的时候。（连续笑点）毕竟他们的口号是“无论是风霜雨雪，都阻止不了他们的子弹”。

5. 我不明白为什么有那么多邮局员工会被他们的同事杀掉，他们应该是被满腔怒火的顾客杀掉才对。

10. 我浏览他们的照片墙，特别留意到了一张绷着脸、恶心、下作的照片，喔，原来是他们的当月最佳员工。

11. 听了我的意见之后，一个邮局职工跟我说：“你不能侮辱我们邮政人员。”我说：“为什么不能？”他说：“因为我知道你住哪里。”然后我反击他：“得了吧，即使你在我后面跟着，最后你也会走错到别人家里。”

笑话 7、8、12 都是关于邮票的。

邮票

7. 邮局有一些名人系列纪念邮票，如玛丽莲·梦露、马丁·路德·金，为什么没有查尔斯·曼森的系列呢？他也是名人啊。

8. 邮票上只有像轧棉机或蒸汽机那些老式的发明。为什么就不能有一些现代的重要发明呢？比如说隆胸。

连续笑点（1）：嘿，这样我会变成集邮爱好者。

连续笑点（2）：他们可能会把邮票成双成对地发布。

12. 设计邮票的人从来没有设计过纪念邮局的邮票。他们是担心人们把口水吐在错误的一面吗？

掌握窍门了吗？相当简单。如果某些笑话看起来能够彼此配合，就把它们归到同一类里。这种情况下，一般不会产生冲突，但有的笑话可以被分到好几个类别中。如果是这种情况，就把它放到你认为最合适的类别里。你还可以随时更改。

把笑话按照同一个思路逐个排序

把所有笑话都写到卡片上并分好类后，接下来就要将其连成一个主题思路。需要再次说明的是，这样的排列没有对错之分。如果你是思维跳跃型的人，那就随心所欲地排列。如果你逻辑思维很强，那就把这些笑话放到一起，让人感觉这些笑话的话题是首尾衔接的。记住，这些都是个人化的。你这里所做的只是通过排列这些笑话，来表达你对这个话题的幽默见解。

在这个段落的开头，从抱怨邮局的服务开始似乎更有逻辑性。因此我把服务类的笑话放到第一，这些服务类的笑话，即笑话 1、6、9。

服务

邮局的标志是一只展翅高飞的雄鹰。是不是啊？它应该是一个打瞌睡的懒汉才对啊。

如果邮局要像一个真正的企业那样运营，其难度应该和在印度成功开一家牛排店差不多。“邮局服务”中的“邮局”和“服务”是一对反义词。

接下来，我会把关于排队的笑话分类。既然它们是抱怨邮局服务的，那么逻辑上来说应该紧接在后。现在我们把笑话 2 和笑话 3 添加到段落里。

排队

我并不介意排长队，假如我最后排完队就能到达马特洪峰的话。当排队的队伍很长很长时，我大喊：“这队伍越来越长了，你们不如再关掉一个窗口好了！”他们就真的关掉了一个窗口。

虽然我并不是很喜欢马特洪峰这个笑话，但这两个笑话放到一起时，看上去还挺和谐的。但随后我还是会调整它。

我计划用邮票的笑话来作为这个段落的结尾，所以关于邮局员工的笑话，只能加入该段落的下一部分去了。除此以外，在“排队”类别里的第二个笑话是关于邮局员工关上窗口的，这就很容易引出邮局员工的话题了。

邮局员工

邮局的人其实挺有效率的，我的意思是说，他们用枪的时候。毕竟他们的口号是“无论是风霜雨雪，都阻止不了他们的子弹”。但是我不理解的是，为什么这么多邮局员工会被他们的同事杀掉，他们应该是被满腔怒火的顾客杀掉才对啊。我浏览他们的照片墙，特别留意到了一张绷着脸、恶心、下作的照片，喔，原来是他们的当月最佳员工。听了我的意见之后，一个邮局职工跟我说：“你不能侮辱我们邮政人员。”我说：“为什么不能？”他说：“因为我知道你住哪里。”，然后我反击他：“得了吧，即使你在我后面跟着我，最后你也会走错到别人家里。”

段落最后是由笑话 7、8、12 组成的“邮票”类。我认为隆胸的笑话是最好笑的，我会把它放到最后。同时因为查尔斯·曼森的笑话没法很好地引出邮票的话题。我将会用“向邮局致敬”来作为这个系列笑话的开头。下面是我的例子。

邮票

设计邮票的艺术家从来没有设计过纪念邮局的邮票。他们是担心人们的口水吐在错误的一面吗？邮局有一些名人系列纪念邮票，如玛丽莲·梦露、马丁·路德·金，为什么没有查尔斯·曼森的系列呢？他也是个名人啊。邮票上只有像轧棉机或蒸汽机那些老式的发明，为什么就不能有一些现代的重要发明呢？比如说隆胸。嘿，这样我会变成集邮爱好者。他们会把邮票成双成对地发布。

事实上，这个段落看起来非常流畅。我过去组合过的很多段落中都有一个分类项叫“备用项”，用来放那些我不知道该如何安排的笑话。这个特别的段落中的笑话基本都是用笑话勘探器写出来的，由于笑话勘探器是一个逻辑化的进程，因此写出来的笑话也更加趋向于系统化。但如果你已经就同一个话题收集了一整年的笑话怎么办呢？当你尝试把它们整理到同一个段落时，会发现并不是所有的笑话都能按照适合的顺序安排进同一系列。不要把这些没用上的笑话丢掉，在下一个步骤中，你常常就能找到一个适合它们的位置。

修改，修改，再修改

最后一步比前面三步加在一起还要复杂很多。你需要在措辞、编辑和重新排序方面不断尝试，让笑话变得像一个完整的段落一样流畅。在修改时，把这些笑话大声读出来。你能很快知道：引出话题的时候是否觉得别扭，从一个类别过渡到另一个类别是否显得笨拙，哪个部分要重新写过，哪个部分听起来会显得生硬。在纸上或屏幕上看，文字可能已经看起来很棒了，可一旦你把它们读出来，它们的缺点便显露无遗了。

我们有四个指导原则帮助你修改段落。

引出段落

如果一走上舞台就开始讲我们的第一个笑话，那会显得很不自然，你会希望像日常聊天一样带出你的表演话题。你可以用以下三种方式来达到你的目的。

陈述你的话题

它的目的是以对话的方式引出你的话题，所以当我说“陈述”的时候，不是让你简简单单地说：“我想聊一聊邮局的话题。”其实这样做不算是一个糟糕的方法，但如果你的一场演出里有好几个话题，这种方式就容易显得重复啰嗦。当你有很多话题时，有很多方式可以引出你的话题，请不要问这样老掉牙的问题：“在座有多少人……”想一些新颖的方式吧。

表明笑点前提

有时候光是陈述一个话题是不够的，因为一个脱口秀段落需要有更多的信息让它变得更加有内涵。当这种情况出现时，表明你的笑点前提，包括它的负面观点，会为你设计的这个段落添加必要的信息。仅仅从笑话地图中复制笑点前提是不够的，你还需要把它写成一个常规的观点。在笑话地图中创造一个笑点前提是为写笑话这个目的服务的，而不是为表演服务的。

表明铺垫前提

有些段落在表明铺垫前提的正面观点时会有更好的效果，通常这种方式会以讽刺的方式来呈现。在这些情况下，要把你的铺垫前提的措辞改得更加口语化一些，而不是简单地把它从笑话地图那边抄过来。

判断是通过话题、笑点前提还是铺垫前提来引出话题的最好解决方法是把它们都试一遍，哪种方式有最佳的误导效果，或哪种方式不会泄露笑点，这是问题的关键。丰富的经验有助于我们解决这个问题。

加串词

串词用来在不同类别的笑话之间过渡（它们通常也被用在段落或笑话中，但不是这里）。我认为大多数的串词都是在浪费时间。它们是老套的做法，包含了脱口秀演员的陈词滥调，很多都让我觉得讨厌。我相信最好的串词是当脱口秀演员停下来思考时，观众就知道接下来他准备讲一个新的话题、笑点前提、铺垫前提或者新的类别了。当一个段落没有串词会非常别扭时，那当然要想方设法地把它们加进来，但一定要慎重。

改成对话式的措辞

大声地说出你的笑话对于这一步尤其重要。这个观点是说要把一个笑话的遣词造句改成与你在社交场合说的版本一致。在我的学生开始表演之前，我会让他们即兴创作一个笑话。随后，假如他们表演这个笑话的动作或语言模式改变的话，班上的每个人都能看到。基本上，你需要创造一个自然表演的模式，这样你才能够在不太自然的环境下也能把它表现出来。

寻找故事线

在这一点上，你有的是各种各样的笑话，当你把这些笑话大声读出来，排好顺序之后，需要注意的是在所有这些素材中有没有规律能支持一个小的故事线。我说的故事线不是指一个戏剧或电影的情节，而是一个能帮你有逻辑地串联同类笑话的迷你小故事。它可以简单到只是有关去哪儿或者做什么事情的。

例如，当我把邮局的笑话大声读出来的时候，我注意到里面藏着一个关于我去邮局，排队，吐槽邮局，和邮局员工开玩笑，然后问他关于邮票的问题的故事。这不是什么能获得奥斯卡大奖的情节，但它确实展现了一个包含了人物的行为和动机的过程，这个过程能把我的笑话条理清晰地串联到一个表演段落里。

在这个意见的基础上，我会修改这个段落并解释其中我作出的一些改动。这些增加的和改动的部分都用下划线标了出来，但你需要自己找出哪里是编辑过的。

作为开头，我需要引入关于服务的笑话。由于我不认为非得要有笑点前提和铺垫前提才能使段落听起来合情合理，因而我简单直接地开始这个话题。为了达到更好的效果，我需要找出适合表达我对邮局感受的遣词造句。我们来看看下面的段落。

我想跟大家聊聊邮局，可我又不想生气，但我实在办不到啊。首先，邮局的标志是一只展翅高飞的雄鹰。是不是啊？它怎么看都更应该是一个打瞌睡的懒汉才对啊。邮局让我觉得很不爽是因为它是垄断经营的，如果它要像一个真正的企业那样运营，其难度应该和在印度成功开一家牛排店差不多。“邮局服务”这个词语中的“邮局”和“服务”其实是一对反义词。

注意，我是通过表达我很愤怒，无法让自己很聪明地说好话的方法来引入这个话题的，其实这样反而非常聪明，并且我添加了一些词语，让句子在大声讲出来的时候显得更流畅。

现在，我必须把“排队”笑话加到“服务”笑话后面。然而，最后一个“服务”类的反义词笑话与“排队”类第一个关于“马特洪峰”的笑话并不匹配。所以我选择先拿掉“马特洪峰”的笑话。这并不是说我要把它扔掉，我会把它放到“备用项”目录中，以便我后面又找到地方来使用它。我真正舍弃的是关于关窗口的笑话，但舍弃以后仍然需要在开头有一个过渡，以便进入到下一个观点中。

这么说你们就明白了，我当时已经排队排了10分钟了，但是队伍却变得越来越长，所以我喊道："队伍越来越长了，是不是该请你们关掉其中一个窗口呢？"他们就真的关掉了一个窗口。

我对此不是很满意，因为它让一个本来就长的笑话变得更长了。但我想这个笑话是很好笑的，所以我一直忍到现在。我还加了一个新的词语"请"，因为我认为它会有助于建立一个目标假设："开放另外一个窗口"。

接下来我把"邮局员工"类的笑话整合到"服务"类笑话中。如我之前所述，第一个关于枪的笑话的用词太像一个文字笑话了，我尝试把它变得更口语化一些。

也许我们现在对邮局的人太苛刻了。毕竟，他们其实挺有效率的，我的意思是说，当他们用枪的时候。嘿，他们的口号就是这样啊：无论风霜雨雪，还是昏天黑地，都阻止不了他们的子弹。但是我不理解的是，怎么会有这么多邮局的员工会被他们的同事杀掉，他们应该是被满腔怒火的顾客杀掉才对啊。

当我评估这个类别剩余的笑话时，我发现关于照片墙的笑话并不是很适合。所以我把它剔除了，放到了"备用项"分类里。这个类别笑话剩余的部分就是下面这样了。

听我喷了这么多邮局的事情，一名邮局员工跟我说："你不能侮辱我们邮局员工。"我说："为什么不行？"他说："因为我们知道你住在哪里。"我说："得了吧，即使你跟在我后面，你最后也会走错到别人家里。"

这部分变得更好了。这个类别去掉最佳员工的笑话之后，整体性更强了。虽然如此，我仍然十分喜欢最佳员工的笑话，因此我要在后面把它加进来。

最后从“邮局员工”类到“邮票”类笑话的时候还是有点跳跃。这正是需要添加串词的一个例子。但我还是准备把它变得更有逻辑、更简短，并避免所有脱口秀演员会用到的陈词滥调。有时候，表述一个笑点前提或铺垫前提的方式会成为令人满意的串词。但我这里是通过继续和邮局员工聊天来建立联系。

为了换个话题，我问他：“为什么那些设计邮票的艺术家从来没有纪念过邮局呢？”他说：“我想他们是担心人们把口水吐在邮票上错误的一面吧。”

接下来的几个笑话不能单独成立，所以我仍然需要设计一个关于我的笑点前提的对话版本。

还有一些事情让我觉得很烦恼，为什么邮局有很多纪念玛丽莲·梦露和马丁·路德·金的名人系列邮票，而我想知道的是查尔斯·曼森的系列邮票在哪里呢？他也是一个名人啊！还有，邮票上只有像轧棉机或蒸汽机那些老式的发明，为什么就不能有一些现代的重要发明呢？比如说隆胸？嘿，这样我也会考虑成为一个集邮爱好者。他们可以把隆胸邮票成双成对发行。

剩下的笑话放在“备用项”类别里。

我不介意排长队，假如我最后排完队能到达马特洪峰的话。

我浏览他们的照片墙，特别留意到了一张绷着脸、恶心、下作的照片，喔，原来是他们的当月最佳员工。

很多引入介绍、串词和小的对话片段都被改写了好几次，直到我找到一个喜欢的版本。

人们说尼尔·西蒙（Neil Simon）的戏剧会被修改 20 到 30 次，组合一个脱口秀段落也一样，可能需要把你的素材翻来覆去地打磨很多个小时，直到你感觉对了为止。

我还没有完成修改。首先，我想要把我手上的宝石全串到一起，看看是否能成为一个有清晰故事线的脱口秀段落。在做这个的时候，我会再次把段落大声地读出来，检查是否需要重新排序、编辑、加连续笑点，或者是否能找到地方添加原来放到备用项里面的笑话。任何的改动我都会用双下划线标注出来。

想跟大家聊聊邮局，可我又不想生气，可我实在办不到啊。首先，邮局居然胆敢把自己的标志设计成一只展翅高飞的雄鹰。是不是啊？它怎么看都更应该是一个正在打瞌睡的懒汉才对啊。邮局让我觉得很不爽是因为它是垄断经营。如果它要像一个真正的企业那样运营，其难度应该和在印度成功开一家牛排店差不多。“邮局服务”这个词语中的“邮局”和“服务”其实是一对反义词。有一天，我正在邮局排队，我浏览他们的照片墙，特别留意到了一张绷着脸、恶心、下作的照片，喔，原来是他们的当月最佳员工。我当时已经排队排了 10 分钟了，但是队伍却变得越来越长，所以我喊道：“队伍越来越长了，是不是该请你们关掉其中一个窗口呢？”他们就真的关掉了一个窗口。也许我们现在对邮局的人太苛刻了。邮递员其实挺有效率的。我是说他们用枪的时候。嘿，他们的口号就是这样啊：无论风霜雨雪，还是昏天黑地都阻止不了他们的子弹。但是我不理解的是，怎么会有这么多邮局的人会被同事杀掉，他们应该是被满腔怒火的顾客杀掉才对。听到了我喷了这么多邮局的事情，一名邮局员工跟我说：“你不能侮辱我们邮局员工。”我说“为什么不行？”他说：“因为我们知道你住在哪里。”我说：“得了吧，即使你跟在我后面，你最后也只会走错到别人家里。”为了换个话题，我问他，为什么那些设计邮票的艺术家从来没有纪念过邮局呢？他说，我想他们可能是担心人们把口水吐在邮票上错误的一面吧。还有一些事情让我觉得很烦恼，为什么邮局有很多纪念玛丽莲·梦露和马丁·路德·金的名人系列邮票，而我想知道的是查尔斯·曼森的系列邮票在哪里呢？他也是一个名人啊！还有，邮票上只有像轧棉机或蒸汽机那些老式的发明。为什么就不能有一些现代的重要发明呢？比如说隆胸？他们可以把隆胸邮票成双成对发行的，这样我也会考虑成为一个集邮爱好者。

备用项

我并不介意排长队，假如我最后排完队能到达马特洪峰的话。

这就是我能在纸上和屏幕上做到的最好的程度了。请注意我把“最佳员工”的笑话和一个在邮局排队的串词放了进去。这使“关闭窗口”的笑话显得多余了，所以我将它剔除了。同样我把“马特洪峰”的笑话也拿了出来，因为我其实不太喜欢这个笑话。此外我还更换了“发明”笑话的连续笑点 1 和连续笑点 2 的顺序，原因是这样讲出来的时候我的感觉更好一点。

最后还有一个问题：让我烦恼的是有两个笑话是关于口水的，其中有一个是“在错误的一面吐口水”，另外一个是关于隆胸的笑话，两个笑话我都喜欢，所以我会看它们在表演时哪个效果更好，随后根据效果再决定保留哪一个。

当然，这只是一个初稿。稿子并未完成，也永远不会完成。在我排练和表演的时候还会再做改动，然后修改，修改，再修改。整合一篇脱口秀稿子不是一个目的，而是一个过程。

06

视角

STEP BY STEP

TO

STAND-UP

COMEDY

叙述者、本人、角色

脱口秀演员在讲段子或表演段子时会在三个视角间转换，这是脱口秀表演不可或缺的部分。但是，这项关键性的基本技巧却从未有人系统性地分析、讨论过，也从未有人清晰地总结如何运用。当你开始了解如何使用视角时，你就会发现它对于脱口秀表演和让观众发笑极其重要。本章的开头会定义三个基本的视角，而附录部分给大家提供了一些练习，教你在台上表演脱口秀时如何在三个视角间转换。

叙述者视角：作为事件的非参与者或观察者，你是如何看待这件事情的。
本人视角：作为事件的参与者，你本人是如何看待这件事情的。
角色视角：作为事件的另一方（人或物），你是如何看待这件事情的。

叙述者视角

作为事件的非参与者或观察者，你是如何看待这件事情的？在叙述者视角中，脱口秀演员不是以段子中的参与者身份说话，而是观察、报告、谈论或叙述。这是讲述型脱口秀常用的一种方法。例如，下面的段子就全部以叙述者视角讲述。

昨天晚上，我跟朋友鲍勃聊天说到我前两天开车，在停车标志那里停下车等的时候，有辆车和我追尾了。他问我有没有受伤，我说我得问过律师后才知道。

只要脱口秀演员是把段子中的场景讲出来，而不是演出来，就是叙述者视角。

本人视角

作为事件的参与者，你本人是如何看待这件事情的？使用本人视角时，脱口秀演员参与到事件中，把段子演出来，就好像它正在发生。因为观众想跟脱口秀演员一起体验，所以如果能参与到正在发生的情境中而不是描述的某个情境中，观众会觉得更可乐。下面是同一个段子，使用了叙述者和本人两个视角。

叙述者：昨天晚上，我跟朋友鲍勃聊天说道。

本人：我前两天开车，在停车标志那里停下车等的时候，有辆车和我追尾了。

叙述者：鲍勃问我有没有受伤，我说。

本人：我得问过律师后才知道。

角色视角

作为事件的另一方（人或物），你是如何看待这件事情的？角色视角是脱口秀演员可以演出来的人或物。它可以包括人物、模仿、动物、物件、概念，情绪等。下面是同一个段子，使用了叙述者、本人、角色三个视角。

叙述者：昨天晚上。我跟朋友鲍勃聊天说道。

本人：我前两天开车，在停车标志那里停下车等的时候，有辆车和我追尾了。

角色：你受伤了吗？

本人：我得问过律师后才知道。

对我来说，这样去演绎这个段子会更有趣，因为其中的对话让观众有参与感。在我的课堂上，曾有一些学员把所有角色视角演绎得淋漓尽致，从而征服了舞台，他们再现了家庭聚会、商务会议、开派对等场景，甚至有一个学员把头脑中的各种想法都演了出来。这需要一定的表演能力和技巧，来把不同的角色清晰地分开，让观众在复杂的场景中跟随你。但这样做是值得的，因为它让脱口秀表演更加好笑。

视角练习

不同的脱口秀演员有不同的视角风格。每个演员都会有意无意地用到视角。有些观察型脱口秀演员只用叙述者视角；以角色为主的脱口秀演员会进入各种不同的角色来表演。而对大多数脱口秀演员来说，三种基本视角都会使用。如何用这三种视角完全由你决定。

为了帮助大家了解如何将基本的视角应用到脱口秀中，我设计了一个练习，练习中会使用一次争论作为例子，分四轮进行。在做练习时，建议你做笔记。拿一张纸出来，对照本书附录 3 的视角练习表练习。第一轮，你只以本人视角进行这次争论；第二轮，你站在争论的另一方，只做角色视角；第三轮，你在本人视角和角色视角之间来回转换；第四轮，你使用所有三个视角，从叙述者视角开始设定场景，然后在本人视角和角色视角之间来回转换并描述这次争论，在这个过程中也会偶尔跳回到叙述者视角说一些话。下面是关于做这个练习的一些行之有效的指导原则（这些严格规定仅限于本练习）。

- 必须是你（本人视角）和另外一个成人（角色视角）之间的争论。不是动物、小孩儿、卡通人物等。

- 另外一个成人（角色视角）必须是一个你可以描绘出来的人。因为第二轮你会只表演角色视角，你必须变成这个人，从他的角度表演出他对于这个争论的观点。

- 争论必须是面对面发生的（不是打电话）。

- 争论必须有多个议题，以便能持续进行三四分钟。

如果你能选择一个跟现实相关的争论，练习的效果会好很多。当然，也不需要跟现实完全一样。不需要完全再现生活中的一次争论，只需要选一个作为引子，让你可以放松地开始，接下来就可以即兴发挥。在这次练习中你可以说很多你在上次真实的争论中没有说的话。不要选刚发生或太过伤心的一次争论，这样会加大练习的难度。这个练习的目的是帮你学习一项脱口秀技能，而不是来一场心理喜剧治疗。遵照上面的指导原则，选一个争论。如果你还不理解叙述者视角、本人视角和角色视角是什么，回头阅读前面的内容，直到你明白为止。如果你理解了，并且选择好了一个争论，下面我们开始练习。

第一轮：仅本人视角

第一轮中，你只用本人视角对着你想象的角色视角争论。站位方式如下：本人视角面对面站在角色视角的前面对话。同时，必须确定观众的位置，因为最终你是给观众表演这些视角的，观众会影响你的走位。为了帮你获得有关这个场景的基本信息，提问并回答下面的问题。

角色视角站在哪里？

你在和谁争论?
角色视角穿的是什么?
这次争论发生在哪里?
你们在争论什么?

还有一件事情：记得聆听你想象的角色视角说了什么。当你讲完一个论点，停一会儿，想象角色视角在反击。你会发现这样做会大大改变争论的方向。回答完这些问题，准备好用本人视角对着想象的角色视角展开争论后，开始第一轮练习。如果三四分钟后，争论自然而然地进入了高潮，停下来。如果争论一分钟左右就结束了，则需要重新选择一个可以持续几分钟的争论议题，并重新开始。完成后，想一想你学到了什么，把你的一些重要发现写下来，然后开始第二轮。

第二轮：仅角色视角

第二轮，你只以角色视角来发言。也就是说，你成为角色视角的那个人，站在他的角度争论。要做到这一点，你需要交换位置，走到角色视角原来站的位置。第二轮你可能会遇到一些挑战：你需要完全放弃你在本人视角所持的立场，站在争论的另一边说话。要做到这一点，你必须完全从角色视角的角度去考虑问题。开始第二轮之前，如果能提前确定角色视角的性格会很有帮助。一旦你能抓住这个人的特点，进入角色展开争论就会容易很多。下面是两个表演方面的小技巧。

为这个角色选择一个不同于本人的声音

如果你选了一个特定的声音，你就更容易进入这个角色。如果你是男生，而角色视角是女生，你可以提高音调，用假音发声。相反，如果角色是男生，你就降低一点音调。而且，如果角色有一个独特的声音特质，尽量去模仿它。不需要完全准确，这个练习不是关于如何去模仿你要刻画的那个人。你只需要去改变你的声音，抓住这个人的精髓。而且选声音的时候要注意，这个声音是你可以在争论中连续说话几分钟的声音。

为这个角色选择一个不同于本人的姿势

不同的姿势、神态或身体特征能帮你快速找到这个角色的感觉。如果是男生表演女生，可能他需要用更柔美的肢体语言；如果女生表演男生，则需要有更加阳刚的姿态。先对角色视角的声音和姿势试一试，玩一玩，找到相对舒服的感觉再开始。如果你觉得无法进入角色，重新选择一个争论，选择一个你觉得可以刻画的角色视角再重新开始。跟第一轮一样，你要想象对方会说什么，也就是你本人会说什么。这样可以保证争论持续进行。一切准备就绪之后，开始第二轮。把争论的另一方通过角色视角演出来。和第一轮一样，争论要持续三四分钟。同样，如果只能维持一分钟，回到第一轮重新开始。完成后，把你的感悟写下来，进入第三轮。

第三轮：本人视角和角色视角

在第三轮，你扮演本人视角和角色视角，在两者之间来回转换。你需要先试着练几次，再进入争论的情境。初学者常犯的一个错误是把争论的两边搞混。如果一开始本人视角在左边，角色视角在右边，但接下来搞反了，甚至都站在了一边，观众会晕掉。如果你搞不清哪个视角在哪个位置，这种混乱在你的表演中就会呈现出来。所以，本人视角、角色视角的位置一定要“从一而终”。如果你在排练的时候很清楚哪个视角在哪个位置，演出的时候就很容易区分。

当你决定从自我视角转到角色视角的时候，向另一边迈一步，找到角色视角的声音和姿势。自我视角和角色视角的转换必须要遵守一个基本原则：表演者必须始终面对观众。不背对观众是舞台走位的重要原则。试着来回转换几次，让自己不费力地从自我视角转到角色视角的声音和姿势，然后再回来。当你越来越熟练时，你只需要用脚后跟换个重心就能完成转换。更高级的技巧是只需要转动你的脸就能完成。

通常在这时候，你呈现的场景中开始产生幽默了。两个视角可能开始说一些恶心、讽刺、恶毒、侮辱和有意思的对话。也许争论可以一直进行下去。但是，这不是心理戏剧，而是一个喜剧技巧练习。记得让笑点自然出来。

当你能够自然地从本人视角向角色视角转换的时候，开始第三轮。如果争论自然而然地到达高潮和结尾，就这样进行。把焦点放在你是否能够轻松地转换到角色视角，以及转换的时候是不是还面对观众上。如果你在其中发现了一些好的段子，记下来。完成这一步后，进入第四轮。

第四轮：本人视角、角色视角和叙述者视角

在第四轮，你将做所有三个视角的练习。你已经练习过了本人视角和角色视角；现在需要加入叙述者视角，叙述者视角是唯一直接跟观众讲述的视角。它有两个重要的功能：首先，叙述者视角告诉观众角色视角是谁，为什么有这个争论，发生在哪里；其次，他时不时地出现来变换场景或者给旁观者机会来吐槽这个场景。请注意，不要用叙述者视角对场景作心理分析，这不是心理学基础课程，这是喜剧基本技巧课程。

在舞台站位方面，很重要的一点是要记得观众就在你前面。叙述者视角在本人视角和角色视角的争论中置身事外，对着想象的观众讲述。叙述者视角搭建好场景后，你可以进入到本人视角或角色视角来争论，这里跟第三轮一样。争论双方有了五次到八次的转换后，后退一步或远离观众一点，跳出争论进入叙述者视

角。这就相当于你和本人视角、角色视角和观众都有了一定距离，方便你评论。然后跳出叙述者视角，进入本人视角或角色视角继续争论。同样，五次到八次转换后，跳出场景进入到叙述者视角，对当前发生的场景做简短的吐槽。

举个例子，我有个学生，一个娇小可爱的金发美女，头上一般会戴一个蝴蝶结。她在课堂上说不理解什么是对场景评论。我让她示范一下她的争论，她假装一本正经地从叙述者视角开始，“嗯，这是我和我男朋友的一次争吵。”让我吃惊的是，接下来，她从一个娇小的公主变成了一个暴怒的国君。

本人视角：你个混蛋，看我不踢爆你。

角色视角：看我不拧下你的头，掐断你的脖子。

本人视角：我让你早上醒过来就怀疑人生。

这时候，我说“跳出来”，她这样做了。我站在她旁边说：“看看这两个吵架的人，你想对他们说什么？”她叉着两只手，叹着气说：“他俩很爱对方。”大家哄堂大笑，笑声持续了两分钟。当然你的评论不需要这么极端。你可以用一些讽刺，比如“有人带拳击手套了没”，或者“太好了，我完全变成我爸了”。懂我的意思了吗？开始第四轮，跳到叙述者视角五六次，一共进行 6 到 8 分钟，然后结束，或者让争论自然结束。

你已经通过四轮练习把一次争论用三个视角表达了出来。因为你在原事件中曾经历过角色视角、叙述者视角和本人视角，你的记忆会比实际演出来的更详细。这次争论会变得更像是全息的记忆一样留在你脑海中。现在坐下来，回想一下刚才的整个过程。你用三个视角完成了这次争论，这当中有些什么区别，把它记下来。如果你通过做练习获得了一些有趣的段子，考虑把它作为素材写成一整段。如果不是很好笑，参考附录的练习表重新做一遍。这次选一个更好玩的争论。

简化版视角练习

我在开始阶段把这个练习分成四轮，是为了让你清楚地定义三个角色，学习如何把它们分开。但是你也可以把整个流程压缩到一轮。你可以只做第四轮，从叙述者视角构建场景开始，然后通过转换本人视角和角色视角演出来，时不时地跳出来进入叙述者视角加一些吐槽和评论。

你不需要每次都选择争论做练习，但是我发现选择能激发激烈情绪的场景做练习更有效。可以试试涉及怀疑、厌恶、内疚的一些场景。如果台词里没有激烈的情绪，可能你很快就会变得无聊起来，因为本人视角和角色视角没有对话的激情。如果你还不理解基本的视角和基本的站位，无法把四轮练习简化为一轮，那就继续做四轮练习直到熟练为止。

视角的应用

在我所有的脱口秀技巧中，视角转换是其中一项强大的工具。你对视角探索越多，你越能运用它来展现你的搞笑风格。下面是视角的一些应用方式。

笑话结构

我们在前面讲过，所有的笑话都是对一件事情的两种解读：目标假设（预期的假设）和再解读（意料之外的解读）。一旦你对这一点有了深刻的理解，你会发现有很多方式可以实现它，其中一种就是视角的转换。也就是说，从叙述者视角转到本人视角，或者从本人视角转到角色视角，或者从角色视角转到叙述者视角。这些都能构成笑话的结构，因为它包含了从两种视角出发的两种解读。下面是我讲的一个关于旧金山旅游的段子。

我站在街边的一角，一个流浪汉朝我走过来，用命令的语气说："兄弟，给我 5 块钱。"我转身对他说："你什么时候涨工资了？"

我先用传统的叙述者视角讲这个段子："我站在街边的一角，一个流浪汉朝我走过来，用命令的语气说"，然后我转到角色视角变成流浪汉，发出命令"兄弟，给我 5 块钱"。在我从角色视角转到本人视角之前，我快速地用叙述者视角接了一句话，"我转身对他说"，然后进入本人视角，用笑点加以反转"你什么时候涨工资了"。

留意这个段子是如何从角色视角转到本人视角，从而符合笑话结构的。连接点是流浪汉的动作：要 5 块钱。目标假设是：流浪汉要 5 块钱因为他没有工作。再解读是：流浪汉要 5 块钱是因为这是他的工作。对"要 5 块钱"的两个解读来自两个分开的视角，从而构成了这个段子。

三个视角间的转换能够构建段子的结构，因为它不仅让你可以对一件事情有两种解读，甚至可以有三种解读。

创造素材

每个段子都会涉及关系和环境。我常常把这些相关的信息称之为"体验"。由于视角转换是构成段子的一种机制，每当你改变你的位置变成另外一个人，一个动物或者一个物件，或者你假装身处某个特定环境时，这个体验就会变成段子的素材。当你去探索本人视角或角色视角的心理时，你会惊奇地发现这种体验非常有深度。比如我的一个学生大卫·赖尼茨（David Reinitz）讲了一个车被拖走的段子，段子里讲到他来到车被扣下的地方，遇到了车管员，他需要付钱才能拿回车。大卫第一次讲这个段子的时候，只是说车管员和他打了个招呼，接着讲了几个关于车的段子。我建议他去探索一下车管员的角色视角，让这个角色说说话。

大卫花了些时间表演车管员，探索了他看待世界的方式，找到了车管员可以说的话。第二周他来上课的时候，他的这个段子中，车管员变成了一个说话尖声尖气、自以为是的人。

大卫：嗨，我是来取车的。

车管员：不用那么多废话。难道你是来看车展超模的？还是来看园艺展的？喔，你赶上好时候了，我们院子里的蒲公英正好盛开了呢！哪辆破车是你的？

大卫：蓝色法拉利。

车管员：哈哈。你是那辆破福特车的车主啊？（对着后面的助手讲）嘿，卢，把那辆带着烂车贴的破福特车取出来。卢，你欠我10块啊——他来取车了。这辆粉色的小破车，你想赌多少？双倍？还是不敢下注？

这些段子，你如果坐在那里拿着纸和笔，或者坐在电脑前面想是很难想到的。你只有去想象在这种特定的情形下，你或者角色会怎样表现，才能创作出这些段子。而最好的方式就是变成角色，通过即兴发挥来探索当时的情境。

将段子带到当下

如果你把段子演绎得像是当下正发生的事情，段子的效果会大幅提升。我在阅读很多表演方面的书时知道了这一点，这些书里说即便一段对话发生在过去，演员也必须把它演成是正在发生的情境。后来，我的好多表演老师都会重申这一点。

现在我们把这一理论引入到视角中。由于叙述者视角是一个不参与事件的观察者，所有内容都是以过去、将来或想象的时态呈现。这并没有什么问题，而且这是段子铺垫的必需内容。但如果整段脱口秀或整场脱口秀都用叙述者视角，那就无法将情境带到当下。与之相反，当你用本人视角和角色视角时，他们是情境的参与者，这就相当于你在观众面前再现了当时的情境。关于将段子带到当下，有一个例子是我的学生丹尼·沃尔什（Danny Walsh）在上课的时候讲的段子。

昨晚我老婆从卧室出来，问我穿新裙子是不是显胖。我跟她说，没有，屁股上的赘肉才显胖。

这个段子不错，但完全从叙述者视角讲述。我跟丹尼建议说如果可以加入本人视角和角色视角，段子效果会好很多。第二周上课的时候，丹尼改成了这样。

叙述者：昨晚我老婆从卧室出来，然后她这样……

老婆:（像女人一样转一圈）新裙子是不是显胖?

叙述者：我说。

本人：没有，亲爱的。屁股上的赘肉才显胖。

还是那个段子，观众也基本一样，但这次得到的笑声更多。它更搞笑是因为通过表演，仿佛老婆就在那里听着丹尼残酷的笑点，仿佛丹尼就在对着她讲。这个例子很好地说明了把段子带到当下可以产生巨大的威力。

明确和演绎角色

如果你一开始就能够明确段子里的所有角色视角，你会吃惊地发现它们能大幅地提升段子的效果。要做到这一点，基本的方法是不要告诉观众某人或某物说了什么或者做了什么，而是变成这个人或者这个物件，让角色说，让角色做。在喜剧领域，角色演绎是最被忽略的一个技巧。但是，那些在表演中演绎很多角色的脱口秀演员知道这一招是多么的有效。

我的一个学生，马修·阿茨特（Matthew Arzt）有一段关于访谈节目越来越烂的脱口秀表演。其中一个段子是关于采访阿诺德·施瓦辛格的。这个想法很有意思。但是我觉得如果马修可以成为访谈中的施瓦辛格会更有意思。第二周，马修在段子中模仿施瓦辛格的奥地利口音，惊艳全场。

叙述者视角：我听说他们在考虑为施瓦辛格开一档访谈节目。可以想象节目会是这样子的。

模仿施瓦辛格：我们来到这里是为了——消灭你们。今日是施瓦辛格的时间，把自己打扮成荡妇，不然我就走了。①

当然，角色视角不仅限于人，也可以是动物。很多人已经习惯于将自己的想法和感觉投射到动物身上，同样，你也可以再进一步，在表演中演绎动物。我的一个学生约翰·威利（John Willey）通过阐述人和动物如何用不同的方式感知时间，创作了下面这个关于猫的段子。

如果人类的一年相当于猫的七年，那么对于猫来说，一天相当于一周。所以下午六点左右，我的猫一定在想："他永远不会回来了。他可能流浪去了。我得学会用罐头起子才行。可是，我的指头得先学会变弯啊。"

角色视角也可以是物件，例如车、厕所或者身体的一部分，甚至可以是抽象的东西，例如情绪或者没用的概念，几乎任何东西都可以变成角色。只要你想象得出，角色视角不受任何限制。对我而言，理查德·普赖尔是演绎各种不寻常角色的大师。如果你想要好好学习一下如何使用视角转换，尤其是角色视角，去看普赖尔的表演，你会看到他演绎的各种充满创意的角色。在心脏病系列中，他的心脏和他对话；在非洲之行段子中，土著人的臭味把他包围了起来；而我最喜欢的是他对烟枪的演绎，这一段是喜剧历史上最精彩、最有深度和最具悲剧性的脱口秀表演之一。

① 此处讽刺施瓦辛格的性丑闻。

表达你的观点

如果你在脱口秀表演中可以呈现脆弱，表达你真实的想法和感受，你会惊讶地发现有很多观众跟你有共鸣。我认为，这种脱口秀表达方式，是兰尼·布鲁斯（Lenny Bruce）在喜剧界的首创。多数人对他的印象是他在表演中说脏话并因此惹上了官司。但正是因为他愿意在表演中以段子的形式表达自己的真实想法，从而开创了一种全新的脱口秀形式，也改变了脱口秀演员关于如何表演脱口秀的观念。在布鲁斯之前，脱口秀演员要么是在台上讲能引起笑声的段子，要么是打造一种喜剧形象。兰尼·布鲁斯是用喜剧表达自己脑海中真实的想法，而不是用段子来取悦观众。既幸运又不幸的是，他脑海中想的是性、毒品以及相关的社会议题。布鲁斯勇于表达个人观点的能力为下一代的脱口秀演员开创了一条无限宽广的喜剧通道，像乔治·卡林（George Carlin）、理查德·普赖尔、伊莱恩·布斯勒（Elaine Boosler）、比尔·希克斯（Bill Hicks）、萨姆·金尼森（Sam Kinison）等。

当你选择一次体验，并从本人视角和叙述者视角即兴表演时，你会惊讶地发现你的表演带有强烈的个人观点。把一次体验演出来，带到当下，让你可以更加的诚实，因为这样做不会带来后果。在脱口秀表演中，你可以把所有你一直在想，但又害怕表露的想法讲出来。例如，卡丽·斯诺（Carrie Snow）对男人有这样的看法。

我一直想找一个蹲监狱的男朋友，因为这样我就总能知道他在哪儿了。

用角色视角演绎能带来更多自由，借用角色，你可以在观众面前说出或作出本人绝不会当众说的话或行为。如果观众觉得受到冒犯，你可以将其归咎于角色视角。只要找到合适的方法，脱口秀演员可以讲任何的话题，而不会给自己带来麻烦。我曾在做开场表演的时候，写过一个我觉得很好笑但我绝不会直接讲出来的段子，尤其是在女性观众面前。这个段子是这样的。

女性那么想要权利平等，但她们愿意为它而战吗[1]？

好笑的段子，但是如果我直接讲，观众肯定会讨厌我。作为一个艺术家，我聪明的脑袋想到了一个解决方法。我让段子里的一个角色说这个段子，这个角色意识不到这样说会冒犯别人。我引入了一个角色鲍勃·荷尔蒙（Bob Hormone），这是个上衣扣子不扣，到处叫女人“宝贝儿”，还喜欢用手指模仿手枪指着别人来打招呼的浪荡公子。这个段子从他嘴里说出来很“合适”。段子有了一个恰当的情境，最后段子的效果不错。当你用视角转换进入一次体验或者即兴表演时，你常常能发现一些人们尽力在公开场合会回避的想法和观点。而作为脱口秀演员，你的任务是勇敢地把这些观点表达出来，但要记得用笑话的结构去表达。

视角的综合

视角的基本概念其实非常简单，但它会有很多变种交织在一起，构成一场复杂的表演。例如，很多情况下，你以本人视角讲一个段子，如开车穿越沙漠，然后从叙述者视角吐槽，你记得这里原来什么都没有，只有一条拥挤的商业街。也有可能你想从角色视角演绎这个角色正在做的一件事情，如偷东西，同时又用叙述者视角解释说其实他是一个企业家。还有一个变种是从一个角色视角转到另一个角色视角。我的学生梅尔·麦基（Mel McKee）讲过这样一个段子。

叙述者视角：作为一个高中老师，我的学生已经开始讲“你妈妈”系列的段子了[2]。上课的时候，一个学生对我喊。

本人视角：你妈妈太胖了，你妈妈洗澡的时候，水会出来说。

角色视角：我等等再进。

---

① 原文为：“Sure women want equal rights — but are they willing to fuck for them？” fuck for them 是 fight for them 的类谐音梗。

② “你妈妈”系列段子是国外常见的一种段子形式，通常以“你妈妈太胖”为开头，后面跟一些荒诞可笑的事例来说明你妈妈有多胖。

在这个段子里，学生作为角色视角演出了另外一个角色视角：水。我无法把所有视角组合都一一罗列出来，所以你需要自己去实验，去探索。记住，视角转换是构建笑话的简单有效手段，因为每次转换都能构成笑话结构。大胆去尝试吧。

排练的基础

在下一章，我会讲到视角转换是排练流程的基石。先预告一下，一般当你去讲一件实际发生在你身上的事情时，你会处于最搞笑的状态。所以当你排练的时候，你不仅要演绎本人视角，还要演绎叙述者视角和相关的角色视角。这种排练方法就相当于把你的表演从回忆中再现出来，比仅仅背诵段子要高级得多。而说到风格，没有所谓的对错，因为视角转换很灵活，可以适应任何人的风格。你越尝试，就越会发现它有助于：清晰的舞台走位，创造素材，把段子带到当下，明确和演绎角色，表达你的观点，排练和表演。视角转换能为你打开一扇喜剧之门，进入后会有无限可能。而且，演绎不同的角色视角充满乐趣。

07

排练

STEP BY STEP
TO
STAND-UP
COMEDY

很多人相信，喜剧演员需要做的就是记住一大堆笑话，然后站到舞台上讲出来就好了，其实并非如此简单。你有没有遇到这样的情形：同样一个笑话，在一个地方讲的时候博得满堂喝彩，在另一个地方却鸦雀无声？这个情况正好说明了脱口秀表演远远不止讲笑话那么简单。

脱口秀秘诀 09 ▶

让观众发笑，这是喜剧演员演绎笑话的方式

STEP BY STEP TO STAND-UP COMEDY

是什么让一个笑话变得好笑呢？是喜剧演员的能力，这种能力可以洞悉现场的情况，结合周围环境的信息去演绎笑话，从而让现场观众开怀大笑。让观众持续发笑是一种需要创意的能力，要有丰富的经验才能做到。就算我的技术分析能掀开喜剧结构的神秘面纱，喜剧演员让观众发笑的才华仍然是一个魔法般神奇的存在。

作为教师，我发现学生们在舞台表演方面的问题比笑话创作的问题多得多，更需要得到解决。笑话创作的问题可以通过练习、时间积累和个人努力而逐渐解决，但在舞台表演问题得到妥善解决之前，学生们的水平会一直止步不前。几乎所有的表演问题都是因为不恰当的排练造成的。

你有没有过这样的经历：你在朋友、家人、同事面前或聚会上谈笑风生，把他们逗得乐不可支，然后你想，“如果我在舞台上也能这样，那我肯定能成为一个伟大的脱口秀演员”。你的想法是对的。如果在非正式场合表演能成功地逗笑别人，在正式的脱口秀表演舞台，你同样可以达到非常出色的效果，这两者所需的因素是一样的。

让我们看看，当你非常搞笑时是什么样子的。我这里说“非常搞笑”的意思是指一种原生态般自然的表演，不是指闲坐着一起讲网络老段子。你说的是一件真的在你身上发生过的事，你把它演绎得好像重新发生了一次，把当时的感觉滔滔不绝或添油加醋地说出来，化身成故事里的其他人物，甚至变成里面的动物或某个物体，在听众大笑的时候，你会停下来让他们笑个够，根据他们的反应，你有时口若悬河，有时慢条斯理，毫不担心究竟是自己真的这么好，还是酒精带来了迷幻的效果，总之，最重要的是，你们都从中得到了极大的乐趣。我说得够不够清楚？

要在脱口秀的舞台上把你真正的幽默感表现出来，你需要表现得像平时一样的幽默风趣。你将在这一章学到的排练技巧，能帮助你把这种自然而然的幽默感复制出来，随时为你所用。经验告诉我，导致人们在表演中丢失自然幽默感的首要因素，就是不恰当的排练。

脱口秀秘诀 10 ▶

你排练时是什么样，演出时就是什么样

STEP BY STEP TO STAND-UP COMEDY

如果你排练时前后走动，低头看地，心里不停想着自己下一句应该说什么，那么你表演时也会一样，前后走动，低头看地，心里仍然是不停想着自己下一句应该说什么。与此相反，如果你在排练一个笑话的时候，表现得好像这件事真的在你身上发生过，假装你跟某个观众在互动，并且从你的段子中获得乐趣，那么你表演的时候，也会表现得好像这个段子真的在你身上发生过，你跟观众也会发生互动，并且从中得到乐趣。

用一种不是你原本所想的方式去排练你的段子，我通常把这种错误称为“送奶工综合征”。这个概念来自我的高级班上的一个学生，他有很好的幽默感。但每当他表演时，他就会忘掉他排练过的一切。我问他是不是在家里排练的，他说确实如此。我进一步询问他排练的细节，他说他是一个送奶工人，他会在开车送牛奶的过程中排练。听到这里，我立刻清楚问题出在哪里。我让这名学生回到舞台上，坐在高脚凳上，把双脚搁在一张课桌上，假装他正在驾驶送奶的卡车。虽然有一点小尴尬，他还是接受了我这个离奇的要求。让他和全班同学都感到惊奇的是，当他找回了和自己在排练中相同的姿势时，他的表演也完美地重现了排练时的样子。舞台表演时的状态会模仿你排练时的状态，因此，用一种能把你自然的幽默状态表现出来的排练方法，就变得非常重要。本课存在的原因正在于此。

创造者和批评者

创造者和批评者是你性格的两个方面，对于一个职业幽默家来说，这两者都很重要，但它们必须处于一种平衡的状态，创造者不断冒出新主意，批评者则从技术层面来雕琢表演。如果这两者发生了冲突，它们可能会不知不觉地给你带来麻烦。

创造者的功能是创作和表达，它凭直觉行事，充满想象力，感情充沛，好玩有趣，渴望表达，而且无惧于犯错。它就是你内心的孩子，只要好玩，完全不管是对还是错。在脱口秀里，创造者负责探索笑话的源头，就算在排练时也不停探索，它通过某种方式，把你段子里让观众发笑的部分传达出来。

批评者专注于改进和打磨。你性格里的这一部分是充满睿智、客观现实、理性分析、目标导向和负责决策的。批评者就好像你内心的家长。它坚持把事情做对，非常谨慎地行事。它能注意到所有的错误，而且希望这些错误都能得到改正。当你准备脱口秀演出时，批评者会负责把你的段子打磨成符合结构的笑话，并且把这些笑话组织成适合演出的内容。

当人们试图让创造性与批判性同时存在时，创造者和批评者就会发生冲突，两者的功效也会相互抵消，这个问题正是低效的排练练习所致的。例如，在排练段子时，演员可能会允许批评者突然介入，打断他内心正在进行的一段流畅的负面评论。以下是常见的情形。

创造者：一个男人走进忏悔室，他对牧师说……

批评者：烂死了，这哪里是牧师啊，明明是神父。你哪里不对劲儿啊？太蠢了吧？这是神父。来，重新来过。

创造者：一个男人长进……

批评者：长进？你在干啥？从头开始啊。

创造者：一个男人走进忏悔室。

批评者：你今天还没去还信用卡呢，肯定要交滞纳金了。你停下来干嘛？你这个白痴。重新再来。

如果在排练时表现得既有创造性，同时又做自我批评，你其实是在排练把批评者带进你的表演里。这个概念很重要，**记住：你如何排练，你就会如何表演**。所以，如果你把批评者排练进了你的表演里，你还想在表演时随心所欲？做不到。批评者在舞台上会分散你的注意力，就和它在排练时对你做的一模一样。

真正的问题来了，你所有的精力都放在了对表演效果的评估上，而不是专注于表演，你的头脑会变得一片空白，从而忘掉自己的段子。批评者会让你陷于搞砸演出的窘境，迫使你花更多的精力去集中注意力。更糟糕的是（是的，情况还可以变得更糟糕），你会开始忽略观众的反应，在这样的情况下，你怎么还可能收集到必要的信息去演绎你的笑话，从而让观众发笑呢？这是不可能的。就算你能勉强记得自己的段子，它们可能也无法获得一点儿笑声。接下来，当然就是批评者履行它的神圣职责，去批判你为什么会发生这样的问题了。

把创造者和批评者分开

你必须训练你的创造者和批评者各司其职，独立运作。当你准备创造和表达的时候，你要仅仅做一个创造者，当你准备提高和打磨的时候，你要仅仅当一个批评者。这听起来很简单，但相信我，说永远比做容易得多。我们很多人一辈子都在耗费大量的时间来批判自己，而且我们都不知道这种做法是从什么时候开始的，我们也不知道什么时候会结束，就算你想假装这种自我批评不存在也是没用的，如果你这样做，批评的声音甚至会变得更大，有时大到你脑子里充斥的都是这样的声音。有些喜剧演员为了让这种声音停下来，不得不寻求酒精和药物的帮助，这种事一点都不稀奇。

批评者的目的是为了帮助你提高，所以你也不会想把它们完全抛开。与此同时，你又不想让它们干扰创造者自由创造和表达的能力，所以，你想要的就是创造者和批评者各司其职，互不侵犯对方的领地怎么才能做到这一点呢？

批评者位置和排练空间

你必须在空间上划出两个独立的地方进行排练：一个分配给批评者，称为“批评者位置”；另一个则分配给创造者，称为“排练空间”。

我想强调一下，在空间上规划两个独立的位置，对排练来说很重要。因为这么多年以来，你都在尝试让创造性与批判性同时存在，这个条件制约着你，你的大脑不会认为这是两个独立存在的功能。但当你把这些功能单独分配到不同的空间位置时，一件神奇的事发生了：你的脑子把这两个功能分开对待了。当你坚持这样做一段时间，你的大脑最终会明白，让创造者和批评者独立运作，你的效率会提高很多。

为了把创造者和批评者真正分离，你必须严格把它们的位置始终分开。当你以创造者的身份站在排练位置上时，绝不允许批评者过来打扰。当开始批评者的工作时，停下来，走到批评者位置上去整理你的想法。当你觉得可以把批评者抛在脑后去练习了，再回到排练空间开始排练。

当你在排练空间完成了练习，穿过房间走到你的批评者位置上，鼓励它开始刷各种评论。记住，批评者的出发点是积极的，就是为了让你提高和打磨段子，但它只能在你走到批评者的位置上时才可以说话。你需要批评者的帮助，但它必须选择在适合的时间才能出现。

当你的大脑习惯了这种分隔时，你在排练时会备感自在，因为你不需要再受到批评者负面评价的困扰。同时你也会注意到，当你坐在批评者位置上时，你会很享受自己给自己带来的意见反馈，因为就连批评也不会被打断了，这时候的你会很容易接受批评，并且感激这种批评为你带来的改变。

为什么要排练？

巧合的是，“排练”（rehearse）这个词与古挪威语 *hervi* 有着久远的关系，这是一个类似耙子的工具，耕作用的。排练正是这样一种用于精耕表演的工具。幽默逗趣是一种创造性的艺术，所以你应该把自己的表演当作一种成长中的作物，排练就像犁地施肥，这样表演才能茁壮成长。

脱口秀秘诀 11 ▶

笑话是对某些体验的回应

STEP BY STEP TO STAND-UP COMEDY

当我们自由且无目的地创作段子时，我们其实是在回应某些感官信息，这些感官信息是从现实或者脑海中的记忆或想象里获得的。我们不能编造一个什么都没有的笑话。除非这个笑话就是关于什么都没有的，但这样“什么都没有”就变成了这个笑话里“有”的东西了。笑话的诞生过程是这样的：先从脑海里的一条信息开始，然后整合成笑话的结构，最后被表达出来。现实中的事发生以后，会被当作回忆，或被巧妙加工成想象，然后重现出来，我把所有这些感官信息称为“体验”。

如果你想把自己自然的幽默感表现出来，必须首先把体验回忆起来，然后才能以笑话的方式说出来。同样地，要记住你的表演内容，你要把这些体验植入自己的脑海里，以便你把它们以想象、回忆以及真人真事的形式表达出来。这就带来一个大问题：你是如何通过重现体验这样的方法来说笑话的呢？

大脑通过画面、声音和感觉来记忆

我们的大脑通过感觉，即我们的所看、所听、所感、所尝和所闻等，来接收信息，仅此而已。因为我们无法重现实际的味道和气味，我们能记得的只是画面、声音和感觉，这就是我们了解信息、储存信息和重现信息的方法：我们通过耳闻目睹和亲身感受来了解现实信息，然后我们以画面、声音和感觉的形式把信息储存在脑海里（无意识地这样做），当我们重现信息时，也是通过画面、声音和感觉。

举个例子，如果我问你今天早上起床后干了什么，你可能会这样说："我关掉闹钟，钻出被窝，然后洗了个澡。"你是怎么记得这些的呢？肯定不是通过记住描述这些事情的那几个字，而是你眼前闪过了你做这些动作的画面，包括伴随着的声音和感觉。这些画面、声音和感觉就构成了体验。

感官体验触发人的行为

可能你没意识到，你的行为也是经由画面、声音和感觉产生的，它们从现实进入脑海，储存在你的潜意识里，或者通过记忆的方式重现在你眼前。怎么说呢？举个例子吧：当你看到一个极具吸引力的性感尤物，那一刻的情景通过感官进入你的脑海。通过联想，你会记起过去跟某个令你兴奋的人的性体验，而且会相应地令你对眼前这个性感尤物想入非非，希望与对方共赴云雨。这些感官体验导致的结果就是让你兴奋起来，如果你的反应够强烈，你可能会忍不住想去结识对方，然后被拒绝，最后重新变回一个自我克制的人。你所有的这些行为，要么是由当时通过感官获得的画面、声音和感觉触发，要么就是由记忆或想象里的画面、声音和感受而触发。

文字不会触发人的行为

我们的大脑处理画面、声音和感觉的历史已经有几百万年，但语言发展得相对较迟，人类的大脑并不是天生用来记忆文字的。

文字是用来描述体验的符号，由于只是用来表达内容的载体，它们不会像真正的体验那样打动我们。文字就好像菜单，体验才是真正的菜肴。如果通过记忆文字来排练笑话，那就好像是去餐馆吃菜单一样。文字只是把事情组合起来，但它不是事情本身。举个例子，"有趣"这个词，你把它说出来，写下来，或者想起来，你不会觉得好笑。但如果这个词让你想起了某个曾经体验过的有趣的画面、声音和感觉，你就会笑了。会让你发笑的是有趣的体验，而不是“有趣”这个词。

死记文字是最糟糕的排练方式

死记笑话的文字是最常见的排练方式，而正是这种方式令表演出现我前面提到的那些问题。初级喜剧演员最容易犯的一个排练错误，就是把一件真的在他们身上发生过的趣事压缩为一些传闻逸事，并且逐字逐句地去死记硬背。问题在于，让一个笑话好笑的大部分信息，其实都取决于演员在故事当中的反应。当演员用记忆、复述和背诵的方式说故事时，他的脑海里其实不会产生画面、声音和感觉，故事会因此失去冲击力和幽默感，因为演员已经不再把这件事当作一个实际体验来处理了。

如果有些无知的老师坚持要你记得笑话里每一个字，这个问题会进一步恶化。因为脑袋通常用画面、声音和感觉来记忆，死记文字是违反天性的。这些老师还会让困难进一步复杂化，因为他们告诉你，当你在背诵笑话的时候，你要表演得“自然一点”。一边叫人表演得自然一点，一边叫人做一些不自然的事，学生们最后只能陷入进退两难的境地。

还有另一个问题。死记文字的过程就是让你在脑子里说话，一遍又一遍地重复这些文字，直到你背诵得一字不漏。因此，当一个使用这种方法的演员站上舞台时，他需要在脑子里提取出这份背熟的稿子，在脑子里先对自己复述一遍文字，然后才能对观众说出来。演员因为忙于对自己说话而无法跟观众建立很强的联系，没有这种联系，就收集不到必要的信息，因此无法以能逗笑观众的方式来演绎自己的段子。他的段子也许能完美地说出来，但肯定不会好笑。

死记文字还会带来另一个问题，就是会导致情感的分裂。因为文字并不能驱动行为，同样也不能驱动情感。情感是你和观众之间的终极联系纽带，如果你的表演貌合神离，观众同样也会如此。你的情感或高或低，由此会带来高低起伏的笑声，观众是希望在这样的笑声中体会坐云霄飞车的感觉，而不是来听一大堆背得滚瓜烂熟的文字的。如果是来看一个人把文字记得烂熟，然后复述得一字不差，那根本就不算娱乐或休闲了。

就算你把文字记得一字不漏，这依然算不上一种有效的沟通方式。下面的研究结果来自加州大学洛杉矶分校的教授艾伯特·梅拉比安博士（Dr. Albert Mehrabian）的著作《沉默的信息》（*Silent Messages*），书中他揭示了人类三种不同沟通方式的相对效率。

身体语言：55%。

声音语调：38%。

文字：7%。

确实如此，文字在我们的沟通方式里只占7%，而93%的沟通内容都是通过身体语言和声音语调来完成的。所以死记和复述笑话里的文字真的是超级低效，与此对应的高效方式是对于体验的回应，这种方式驱使我们用身体语言和声音语调沟通。

你可能会说："但是在脱口秀里面，文字的重要性要大得多。"好，那么我们把文字的重要性翻番，让它占到15%吧，这仍然把85%的沟通留给了身体语言和声音语调。不管你怎么剖析，在人类沟通中，这种非文字的表达是远比文字重要的。现在我听到你问："但是，如果你不先记住文字，你怎么能记住自己的段子呢？"

记住体验是最好的排练方式

这个看起来好像很难，其实一点也不难，你从出生以来就一直这样做了。你有没有什么故事？可能是某个关于你家庭或朋友的故事，它被你说过很多遍。在说这个故事之前，你需要回忆什么文字吗？当然没有。你只是把它当作一个体验来记住了。

我在这里介绍的排练流程，目的是让你的脱口秀表演在脑海里变得生动鲜活起来，就好像那些熟悉的故事一样，如果你想在舞台上复制你的自然幽默感，你必须把段子以体验的形式记住。

如果通过画面、声音和感觉的方式来记住自己的表演，你会从中受益良多。体验就存在于你的稿子里，会影响你的身体语言、声音语调和其他行为，从而让你的表演变得引人入胜。你将会全情投入，而观众也有机会因你的情感起伏而坐上云霄飞车。并且，由于你的注意力都放在观众身上，你将有机会找到特定的方法来演绎笑话，让观众发笑的正是这种方法。这种方法能保证你的表演一定好笑吗？当然保证不了。但至少不会让你用一种不自然的方式来表演。

“但是，”你可能会说，“有时我需要一种特殊的方式来说事情啊。”没问题，我叫你记住体验，但没有不让你用特殊的方式说事。确实，有些笑话要求用很特别的语言表达方式。你要学习的是，当你需要特殊的语言表达时，如何调用出与之相应的画面、声音和感觉，这和你讲述自己体验过的故事是一样的。

把感觉信息转化成语言是一个很普通的过程，例如，你可以用专用的名词来描述你住的地方，如“家”“公寓”“商品房”“活动板房”等。你这样做的时候，头脑里会出现你所住地方的画面，然后用恰当的词语来描述它。如果你仔细察看你所住地方的照片，你会从中发现无数的细节：油漆、饰品、窗户、玻璃、台阶、门、门铃、门把手，可能还有树、树叶、树枝、绿草、草籽、一个花园、鲜花、泥土、一条小径，等等。当你看到照片上这么多的细节时，你怎么用“家”这一个词就形容完了呢？因为你已经练习过无数遍了。从你住在那里开始，你就一直在排练。我的排练流程正是基于同样的原理，如果学会如何对体验作出正确的反应，你就能准确地说出你想说的东西。

每个笑话都包含体验

这是我的排练流程的核心。笑话是演员对某些体验的回应，所以，如果你知道这是什么体验，你就可以用记住笑话的方式去重现它。例如，一名叫切卡莎·肖沃斯（Chekesha Showers）的学生写了这样一个笑话来反映她的家庭生活。

> 我是一名单亲妈妈，独自养着三个十多岁的孩子……所以离家出走是个常常要面对的议题，但我还没走。

正因为笑话后面隐藏的体验，才让切卡莎想出了这个笑话，如果她想用同样的情感、语调和动作去演绎这个笑话，她首先就会想起这些体验。如果只是记忆词汇，是无法激发她的这些行为的。

对切卡莎来说，要在笑话里想起这些体验是很容易的，因为这来源于她生活里的真事。但如果你有一个笑话，那里面的体验不是发生在你身上的呢？那么你需要深刻理解这个笑话里的体验，这样你才能表演得真实，达到尽可能好的效果。例如下面这个我从笑话书上看到的老笑话。

> 应该设一条法律，规定酒吧的高凳子必须配备安全带。

这个笑话里包含的体验是，经常有人喝醉了以后从酒吧高凳子上摔下来，因此他才想出一个解决办法，即配备安全带。如果你不喝酒呢？如果你从没试过从酒吧高凳子上摔下来呢？如果你从没有过这样的体验呢？你首先应该做的就是了解清楚这样的体验，这样你才能以“体验”的方式去记住它。

以不同视角去表演

用我的排练流程排练时，你的段子会转化成你的体验。要做到这点，你需要行动起来，把这个体验用不同的视角演绎出来。当你用三个基本的视角来演绎这个体验时，它不仅仅发生在你的本人视角身上，同样也发生在角色视角身上，然后叙述者视角需要去观察和评论这个体验。运用多重透视的方法，能让你对这个体验有一种全息记忆般的体验。现在是不是觉得这比死记文字有趣多了？

不管你是否进入状态，观众都会进入状态

观众来到脱口秀表演的现场，是因为他们想暂时把自己的现实生活放在一旁，准备从别人的生活里找点乐子。所以不管你是什么状态，他们自然都会跟随着你，进入你的真实世界。不管那种状态是积极的还是负面的，只要你在那种状态里面，他们就会跟随。如果你敷衍他们，他们也会敷衍你；如果你抱怨他们不笑，他们就会抱怨你不够好笑；如果你全情投入，他们也会全情投入；如果你不和他们交流，他们也不会和你交流；如果你在死记硬背笑话，他们就会看着你在那里一字一句地读笑话。

用感官体验重现段子，观众会进入你的电影世界

是背诵笑话，还是把段子以感官体验的方式告诉观众，对观众来说是两种意义完全不同的体验。如果你只是在死记硬背笑话，观众就会看着你给他们读笑话。相反地，如果你是以感官体验的方式记忆和表演段子的，观众会看到、听到和感觉到很多你实际体验的东西。两种方法都能得到笑声，但给观众的思想冲击力是

不一样的，这种区别就像是道听途说某事和身临其境的区别一样。

这里有一个完美的例子，能说明我所说的身临其境是什么意思。最近我在看比尔·考斯比（Bill Cosby）的脱口秀专场视频《比尔·考斯比：本尊》（*Bill Cosby：Himself*）。我以前看过这个视频，记得有一个片段是我特别欣赏的，考斯比先生嘲笑那些整整一周都在拼命工作，然后在周末疯狂参加派对，把自己搞得筋疲力尽和惨兮兮的人。我对其中一个场景记忆犹新：地点是在一间浅色的浴室里，里面有一个马桶，淋浴头，一个带镜子的洗手盆，一扇雾蒙蒙的窗户，绿色的毛巾……在这一段表演里，考斯比先生跪在马桶前，刚刚呕吐完，然后他把脸放进马桶里猛摇，还庆幸里面的水是冰凉的。

以上都是我根据自己的记忆描述的。然后在看录像带的时候我大吃一惊，因为这时我才意识到，这个场景其实是考斯比先生在空荡荡的舞台上靠着一把椅子表现出来的。我的印象里为什么会有这么多关于这个浴室的细节？答案真的很简单，考斯比先生是用体验的方式来记忆他的段子。他所记得的东西，让他好像真的在里面生活过一样。这种方式带来的结果就是我进入他的电影世界里，看到、听到和感觉到了他在里面做过的事。不管他是什么状态，我的确进入了状态。

要把观众带进你的电影世界，唯一的途径是把段子当作感官体验一样排练，把段子当作感官体验一样记忆，把段子当作感官体验一样告诉观众，然后，必然地，观众也会好像获得感官体验一样欣赏你的段子。这是唯一的方法，只有用这样的方法，观众才能打开那扇看不见的大门，深入到你的臆想现实中去。最终我希望你明白一点，脱口秀不是做报告，而是一种和观众的人际沟通，通过这种沟通，把他们带进你的喜剧电影世界里。在你能做到这一点之前，你需要先学会如何用体验的方式来排练你的段子。

08

格雷格·迪安的排练流程

STEP BY STEP TO STAND-UP COMEDY

关于我为何要设计这个排练流程，我在前面已经讲了很多。现在我想把这个流程介绍给大家。它包括三个阶段：准备，体验的再现，通过记住体验的方式把段子表演出来。

在每个阶段，我们会用不同的符号来标记你应该处于批评者位置（■）还是排练空间（●）。在做每一步时，注意这些符号并站在相应的位置。你也可以先浏览一下附录 4 的排练流程单。

排练起来吧

排练的目标是把你的段子变成你的感官体验，涵盖所有三个视角，让段子就好像发生在你身上一样，这样你就能记住表演的内容，仿佛在讲述自己的体验一样。这样达到的效果是，观众不仅在看你讲段子，而是进入了你的世界。

跟我所讲的其他技巧不同的是，这个排练流程并非是一步一步按顺序来的过程，而是各个阶段交织在一起。它需要你对段子中的体验加以评估，然后根据这一评估决定如何再现这个体验，如何表演这个段子。要做到这一点，你可能需要前后反复地进行各个步骤，直到对段子有感觉。

你可以自由地设计排练过程。例如，步骤中的问题是帮你进入每一步的核心，但是如果你发现问其他问题更加适合你，不要犹豫，就用那些问题。同样，可能有一些步骤你需要反复做，或者跳过不做。由于每次体验都涉及不同的视角，你可能需要对每个段子或段落采用不同的排练方式。

阶段一：准备

指定批评者位置（■）和排练空间（●）

指定房间中的一个区域作为你的批评者位置：■，另一个区域作为你的排练空间：●。在排练流程的各个步骤中，你的身体会在这两个位置之间来回移动，这样做有助于大脑在批判思维和创造思维之间转换。

重要提示：批评者位置一定要在排练空间的对侧甚至后方。一定不能把你的批评者位置放在排练空间的前面。如果排练空间面向批评者位置，你在排练的时候批评者就处在了观众的位置上。将这两个功能分开排练的目的在于让你在表演的时候放下批评者。因此，排练时批评者的位置必须在你的视线之外。把批评者的位置放在你的左边、右边，甚至后面，但不要放在前边。

■ 选择一个要排练的段子或段落

你在分析段子时一定要站在批评者的位置，因为你是在打磨段子，而不是在创作段子。段子的内容是。

听了我的意见之后，一个邮局职工跟我说：“你不能侮辱我们邮政人员。”我说：“为什么不能？”他说：“因为我知道你住哪里。”

因为这个段子其实不是发生在你身上的，通过这个例子可以示范如何在排练的时候让它确实“发生”在你身上。

■ 确定是什么样的体验引发了这个段子

这一步是整个排练流程的关键。所以多花一点时间，做到完全理解。一旦你掌握了它的精髓，其他步骤会变得很容易。

这一步的目的是确认段子中的体验。如果你研究一下，你会发现每个段子都有一个暗含的世界，一个由人、动物、物件、关系、冲突、心理状态、环境、事件、历史构成的世界。这些元素互相交织共同带来了幽默的那一刻。要真正传达段子中的喜剧效果，首先要了解在这个“小宇宙”中发生了什么。而了解的方式就是问这个步骤中设定的问题或者其他你认为合适的问题。

Q：为了让我对这个段子有感觉，我应该有什么样的体验？

A：有一个很讨厌自己工作的邮局员工，意外听到了我对邮局糟糕服务的抱怨，警告我不要说这样的话。我生气地问为什么，他威胁我说因为邮局的每个人都能知道我家的地址。

只有这个体验才能引发出这个段子吗？对于这个段子来说，其他解读可能都很类似，但是有些段子可能有非常不同的解读。只要解读符合逻辑，不损坏段子的幽默，对于段子的任何解释都是可以的。

很多人在这一步有一些误区，因为他们在回答这个问题的时候加入了很多无关信息。你的回答应该尽量精简。同时也注意，这一步并非是描述一个情绪反应。例如，我不会只是说“我很不爽”。我确实很不爽，但这是由于邮局糟糕的服务和与邮局员工的对话引起了我的不爽。情绪是对一个体验的反应。

■ 探索体验的细节

在确定了段子中的体验之后，你需要了解更多具体的信息，以便在阶段二再现出来。问问题能帮你做到这一点。

Q：在这次体验中有谁，或者暗示有谁？

A：男邮局员工和我。

段子中并没有明确表示邮局员工的性别，但是我把这个角色定义为男性，因为邮局枪击案中袭击同事的员工是男性。如果你觉得女性角色在段子中更搞笑，你也可以让角色是女性。也可以把本人视角设置成另外一个角色，这样的话就是两个角色视角。

Q：这次体验发生在哪里？

A：邮局的长队中。

知道体验发生在哪里对你表演的基调有影响。发生地点不同，如海滩、电梯间、酒店或是家里，表演者会有不同的表现。知道发生地能够为角色视角的表现设定背景。

■ 决定如何再现这个体验

接下来，把所有信息整合在一起，决定如何表演出这个体验。这时候需要你用想象在脑海中组织整个体验，以便能在阶段二中轻松再现出来。

Q：我想如何再现这个体验？

A：我第一次进入排练空间的时候，我会在“本人视角”成为我自己，听邮局员工警告我不能侮辱他们；我会问“为什么不能”，然后听他说“因为我知道你住哪里”。第二次我进入排练空间，我会从“角色视角”表演邮局员工意外听到我在说邮局的坏话；然后他警告“本人视角”说“你不能侮辱我们邮政人员”。他会听到“本人视角”说“为什么不能”，然后回应“因为我知道你住哪里”。第三次我进入排练空间，我会变成“叙述者视角”，描述整个场景。

你的任务是创造一个体验，这样你可以记住体验中的画面、声音和感觉，从而让你对这个段子有感觉。没有所谓的正确方法，正确的方法就是你的方法。

这就是阶段一的全部内容。读起来可能有些复杂，但是做起来只需要一两分钟。现在你已经了解段子中发生了什么，我们进入阶段二，通过再现体验来排练。

阶段二：再现体验

在阶段二，你将以所有相关视角演出这次体验，以画面、声音和感觉的形式记住段子。

提示：阶段二中各个步骤的顺序只是我建议的一个顺序。因为我的这个例子包含所有三个视角，所以下面的顺序比较实用。但是，如果有多个角色视角，一个叙述者视角，没有本人视角呢？你就得调整阶段二去适应这个段子。

另一个提示：对大多数人来说，可以在最后重现叙述者视角。因为其功能是观察者，先做本人视角和角色视角能够给叙述者视角提供完成任务的素材。还有个提示：当你在批评者位置审查你在排练空间的表现时，有四种方法可以使用：利用你的想象、听录音、看录像，或借助另外一个人的观察。几种方法都试试，然后找出最适合你的。

● 演绎本人视角

跳出批评者位置，来到排练空间，演绎这次体验中的本人视角。为了帮你知道在这次体验中该如何表现，问下面的问题。

Q：我在这次体验中扮演什么角色？

A：我听邮局员工警告我说："你不能侮辱我们邮政人员。"我回应："为什么不能？"我听邮局员工说："因为我知道你住哪里。"

很重要的一点是，要花一些时间听角色视角说的话。我知道有点怪，但是你会发现是角色视角支撑起了对话。

■ 评估

回到批评者位置，让你的批评者接管这个过程，并给你一些反馈，你对本人视角的演绎是否逼真，你说的话是否恰当。问下面的问题。

Q：我演绎角色视角的方式能让我对这个段子有感觉吗？

A：是的，我感觉我就在那里，能自然地回应。

如果你对自己的表现不满意，或者觉得还缺了些什么，重新回到排练空间，再次演绎本人视角。

● 演绎角色视角

为了让你进入体验中，问下面的问题。

Q：在这次体验中，其他人或物是如何表现的？

A：我会以角色视角演绎邮局员工，他听到本人视角在侮辱邮局；然后他警告说："你不能侮辱我们邮政人员。"他听本人视角回应"为什么不能？"然后他回答说："因为我知道你住哪里。"

现在进入排练空间，从角色视角出演邮局员工。场景一样，但是是从另一个角度。保持演绎的真实、简洁，不需要漫谈。完成后进入下一个步骤。

■ 评估

演绎完这次体验后，你可以评估对角色视角的演绎是否保持了段子的结构。问下面的问题，看看你是否达到了预期结果。

Q：我对角色视角的演绎方式能让我对这个段子有感觉吗？

A：是的。我，作为邮局员工，听到本人视角吐槽邮局，然后警告他。我听到他的回应后告诉他所有邮局员工都能知道他的地址。

如果对这个问题的回答是不能，返回排练空间再次演绎，直到你对这个段子有感觉。

● 演绎叙述者视角

叙述者视角直接跟观众讲话。所以排练的时候，假装你前面是观众。要了解如何描述前面的演绎，问下面的问题。

Q：我想用什么样的讲述方式？

A：我会说一个邮局员工偶尔听到我说了一些侮辱邮局的话，然后他替邮局员工说话："你不能侮辱我们邮政人员。"然后跟观众解释说我是如何问他"为什么不能"以及他是如何回应的，"因为我知道你住哪里"。

进入排练空间采用叙述者视角，来描述本人视角和角色视角的互动，但不要演出来。而且，在这个过程中如果想到一些巧妙的评论，把它加进来。记住，叙述者角色不直接参与情境，但还是有情感上的连接，也有观点，它只是从旁观者的角度描述而已。

你现在已经从三个不同的角色视角将整个段子以再现体验的方式表演出来。我们看看批评者会说什么。

■ 评估

回到批评者位置，留意你是否已经把段子的所有必备要素都表演完毕。现在你的头脑中应该已经把段子化为了画面、声音和感觉。挺酷的是吧！要知道如何改进，问下面的问题。

Q：我对三个视角的演绎方式能让我对这个段子有感觉吗？

A：我相信如此。我精确地表演了本人视角和角色视角，这样当我站在叙述者视角时我能够讲出这个故事并保持段子的结构。

如果你能从叙述者视角描述场景，描述的结果保留了段子的完整性，那么你就做对了。如果有缺失，记下来，重新回到排练空间，把缺失的部分演绎出来，让整个体验完整。然后采用叙述者视角，你就可以完整描述了。而且，注意是否遗漏了一些重要的词。一旦你知道哪些元素需要调整，修改工作就容易多了。

阶段三：练习表演

这一步的目的在于通过记住体验的画面、声音和感觉来练习段子的表演。现在整个体验已经在你的脑海和身体里了，因为你以三个视角演绎过，它成了你的亲身经历。挑战之处在于要相信：记住这样的体验会让你自然地对段子有感觉和反应。

如果你把重点放在正确地记住段子里的话，那样你就会在头脑中形成一个由文字构成的画面或者陷入自我对话，而这正是我教你要尽量避免的。你自然状态下的幽默是对一个体验的反应，如果你让自己进入这个体验中，你就能记住这个段子并对它有所回应。

该排练流程有很多的优点，能解决表演中的大多数问题，但也可能带来一个问题，即漫谈。因为你是对包含大量细节的画面、声音和感觉作自然回应，你可能会迷失在感应环境中，无法进入笑点部分。要克服这一点，我们需要大量的练习。最初几次练习的时候，说一些废话是可以的。在你的批评者位置，你要留意那些漫谈的部分，要求自己聚焦在笑点上。

允许自己自由地漫谈是一把双刃剑。它可以有积极的好处，因为通过探索体验的细节能帮你发现新段子。但是如果你排练的是某个特定的演出，想要去掉所有多余的细节，漫谈可能会是个问题。

我的建议是首先讲完段子，不要漫谈。完成这个之后再探索。

■ 决定如何将这次体验传达给观众

花点时间探索你想如何表演这个段子。你想以本人视角和角色视角表演？还是想完全从叙述者视角讲这个故事？或者是两者的结合？你不需被一个选项困住，你可以多试试。但是开始要先确定一个策略。你可以问下面的问题。

Q：我想如何演绎三个视角来表演这个段子？

A：我会先从叙述者视角开始，描述一个邮局员工是怎么在旁边听到我讲话，然后我进入邮局员工角色视角说："你不能侮辱我们邮政人员。"然后我回到本人视角站的位置回应："为什么不能？"然后回到邮局员工的位置说："因为我知道你住哪里。"

● 表演这个段子或段落

现在只需要进入排练空间，练习把这个体验传达给观众，记住这个体验的画面、声音和感觉。注意，你排练时是什么样子，表演的时候就会是什么样子，所以排练的时候开心点。

关于练习表演，让我把脱口秀演员在段子中所有搞笑的反应都写出来是不可能的，但是我想说，只要做好这样的准备，你的搞笑反应就会自然出来。现在想象一下你在表演这个段子，可能是这样表演的。

叙述者视角：昨天，我在邮局排长队的时候吐槽他们服务真烂，一个邮局员工听到了我说的话。他说。

角色视角：你真的不应该这样侮辱我们。

本人视角：喔，是啊，为什么不能？

角色视角：因为我们知道你住哪里。

注意段子的措辞有些改变。你可以自由地改变本人或角色视角的措辞，因为段子应该是对体验的真实反应。如果你总想着要把原来的段子一字不差地背下来，你就误解了我排练流程的重点。

■ 评估表演

这个评估是保证你演出质量的关键。在这一步，你将评估你的段子是否紧凑、是否保留了段子的结构、你是否喜欢你的表演。为了更好地评估，你可以问下面的问题。

Q：我有没有简洁有序地把这次体验传达给观众，同时又保持了段子的结构？

A：段子符合逻辑，也保留了段子的结构，我还可以再简化一点。

如果你不喜欢你的表演，再来一次；如果你喜欢你的表演，再来一次；如果你不确定，再来一次；再来一次之后，再来一次。重点是你要对段子中的体验有感觉有反应，这样你在表演的时候，段子的内容就好像你亲身体验过一样。你确实亲身体验过，在排练的时候体验过了。

如果你还有其他问题要问自己，那就问：我喜欢我的表演吗？我有漫谈吗？我保留了段子的完整性吗？我觉得搞笑吗？笑点如果由另一个视角来说，会不会更搞笑？如果你对表演有任何不满意的地方，想想怎么改，然后回到排练空间重新演绎角色视角，或者重新表演一次。如果你对自己的表演满意，重复几次直到熟练它。我发现，反复表演能帮助我更加自然真实地演绎段子。

漫谈是表演的敌人。虽然你在段子中有很多要去看、去听、去感觉的信息，你要学习把重点放在段子上。下面这个版本就是漫谈太多的例子。

叙述者视角：昨天，也可能是前天，不重要啦。反正就是有一天，我在邮局排长队。我在那里贴着邮票，看着邮箱。我讨厌邮局，我开始说它的坏话。这时候有个工作人员听到了我说的话。他很不喜欢，所以走过来告诉我他的想法。他跟我说。

角色视角：你知道吗，我们工作很努力。你刚说的关于邮局工作人员的话很让人讨厌，你真不该说这种话。你知道我的意思吗?

叙述者角色：所以，我跟他说……

本人视角：不知道，我不知道你在说什么。我想说什么就说什么。这是个言论自由的国家，我为什么不能说?

角色视角：因为听到你这样侮辱他们的人都知道你的地址，所以他们知道你住在哪里。

还是同一个体验，但是描述太多了。这样不仅让段子变得冗长，结构也乱了。从我上课的经验来看，这个版本还不是最夸张的。有的学生可以把一句话笑点讲成一篇小说。

如果你想到了一些新段子，你想把它加到这个段子里去，那就去排练空间，把它加到这次体验中，进行排练。排练满意后，再排练其他内容。

以上就是我的排练流程简介。好吧，不是那么“简”，只比《战争与和平》

少那么几页。但这样的排练是很值得的，因为它能把你对段子的体验变成画面、声音和感受，而不是让你背内容。你也能从中学会把你的创造者和批评者分开，通过分开排练让你在表演的时候不会自我批判。你也学习了从多个视角演绎你的段子。掌握这些新知识后，你的大脑和幽默感会自然运作，这样你就能在舞台上展现你本来就有的幽默，把观众带入喜剧世界。

现在轮到你了。作业时间，用附录 4 的排练流程表，排练其中的几个段子。

09

麦克风的使用技巧

STEP BY STEP

TO

STAND-UP

COMEDY

该做的和不该做的

对于初次上台的人来说，在没有任何经验的情况下使用麦克风是一个严峻的考验。一开始会觉得麦克风就像难看的男性生殖器一样，而且是带着一根烦人的线拖在地上的男性生殖器。但如果掌握了一些小窍门并稍加练习，使用麦克风就会像你的第二天性一样自然。事实上，你很快就会对它产生依赖感。只要有了麦克风，掌控全场就会变得简单起来，因为你的声音可以盖住所有观众的声音。

我建议你们在彩排的时候，可以使用一个物品来模拟麦克风，这样你在正式演出的时候手里抓着麦克风也会觉得十分自然。据我的学员反映，他们会把绳子绑在大调羹、梳子或棍子上来练习。当你和观众都意识不到麦克风存在的时候，说明你已经很好地掌握麦克风的使用技巧了。

以下是一些基本的注意事项，当你在脱口秀俱乐部的舞台上使用手持麦克风表演时会用得上。

当你踏上舞台时

- 不要在整个演出的过程中都把麦克风留在麦架上。

● 切记要在表演开始时就把麦克风从麦架上取下，把麦架放到舞台的后方。第一注意事项：除非你表演段子时必须用到两只手，否则请一直把麦克风握在手里。

如果麦克风出故障

● 不要用手敲打麦克风。

● 确认开关键是否已经打开。

● 不要扭动麦克风底部的插头。插头把线连接到麦克风，里面有弹簧，可能会因为扭曲而导致麦克风和插头产生永久性的损坏。

● 要把插头插入麦克风底部深一点，使它们接触良好。

● 不要突然拉扯麦克风的线。你很容易会把线拉松或者把墙上的插头拉松。

● 确认线上的插头是否已经插在墙上。

如果故障仍然没有排除

● 切勿生气，大发雷霆，或者抱怨这家俱乐部的设备糟糕。这样的表现会让你看起来非常业余。

● 礼貌地让经理知道扩音系统出故障了。随后把麦克风放回麦架上，把麦架放到一边，提高你的音量，尽你最大的能力继续你的表演。

如果麦克风正常但是你听不到自己的声音

● 切勿大呼大叫，那会让观众误以为是个段子。如果麦克风是开着的，你会损害到观众的耳朵或者喇叭。无论哪一种情况，都会让你看起来像一个混蛋。

- 说话要稍微大声一点，逐渐提高你的音量直到你可以听到自己的声音，或者询问观众是否能听到你。他们能听到你比你自己听到自己更加重要。有一种舞台我称之为“静音舞台”，扩音器离舞台前端太远，观众能听到表演者的声音，但表演者完全听不到自己的声音。

如何拿麦克风

- 不要用麦克风挡住脸的下部。

- 拿着麦克风时要让它能够轻轻接触到你的下巴。

- 不要正对着麦克风讲话。它会使声音变得扭曲，呼吸音会产生杂音。

- 要在麦克风的顶部以上讲话。很多手持麦克风都是全方位式的，也就是说它们采集的声音只要在某个距离之内，那么在任何一个角度都是一样的。

如何处理麦克风的线

- 不要直接踩在线上。它们会在你的脚边卷起来。当你转身时，可能会缠住你的脚。

- 轻轻地把线移动到靠近观众的一边，让线离你远一些，这样你在舞台上的移动就会更自由。

- 不要一直把线在你面前踢来踢去。观众会一直盯着你的脚而不是专心听你的脱口秀。

- 可以偶尔用脚把身前的线移开。

- 移动的时候不要踩在线上。这样会把麦克风从手上拉掉或者损坏麦克风的插头或者麦克风的线。

● 要偶尔瞟一眼，注意线的位置。

● 不要把麦克风的线缠到拿着麦克风的那只手上。因为如果这样做，你移动的时候就会把线扯紧，不但看起来很傻，还可能把线和麦克风直接从你手上或者墙上扯开。

● 让线在你前面垂下来。最初看起来会怪怪的，但很快就会习惯了。再强调一次，如果你把线靠向观众，它就不会影响你了。

● 不要把线缠到你另外一只手的手腕上。

● 要让你另外一只手能够自由地做肢体动作。

● 不要上下摩擦麦克风的线。

● 当你没有在做肢体动作的时候，任由你的手放在你身体的一边。

做肢体动作时

● 不要用持麦克风的手来做肢体动作。否则你的手和麦克风会从你的嘴边移开，观众就听不到你在说什么了。

● 要用没拿麦克风的手来做肢体动作。当你需要做转换时，可随意把你的麦克风从一只手换到另一只手。

调整麦架时

● 在调整麦架高低时，不要松开中间调节松紧的零件。如果你忘记了该往哪个方向旋转，你很可能要花上整整一分钟才能使麦架重新恢复正常。

● 松开这个调节松紧的零件时，要踩住麦架的底部来稳定它，之后再调整，拧紧。如果没有很快拧紧，说明你拧的方向是错误的。

● 不需要把麦架的高低调整到完美的高度，只需要把麦克风从架子上拿开并放到你的身后即可。

● 把麦克风从麦架拿下时速度要快一些，随后把麦架放到一边。

应对突发状况

● 不要忽略意外和错误。比如麦克风突然从手上掉落，碰翻麦架，麦线缠住你的脚，或任何一个意外事件。

● 接受所发生的一切并处理它：把麦克风放回麦架上，把麦架放回原处，或者把线从脚上解开。如果你没有忽略这些问题，观众会一直盯着它，直到你处理好为止。

离开舞台时

● 不要把麦克风放在桌子或者地板上。

● 把它放回麦架上，这是麦架唯一的作用。

● 不要把麦克风扔给主持人。

● 如果主持人在你演出结束后就站在你身边，把麦克风递还给主持人。

● 不要把麦克风关掉，因为主持人接到话筒就会直接开始讲话了。

● 练习以上所有事项，你就会看起来、听起来都像一名专业的脱口秀演员了。

10

巅峰表演

STEP BY STEP

TO

STAND-UP

COMEDY

脱口秀表演是一件非常复杂的工作。很多细微之处只有从表演中才能学到。你会很快发现，脱口秀表演不仅是表演脱口秀，还是一种面对你内心恶魔的武器，一段探索未知的旅程，一个锻炼的机会，一种表达的形式，以及一条让观众笑翻、让自己爽翻的途径。下面是一些表演脱口秀的秘诀、提示和指导，能帮你在脱口秀的道路上取得最大的收获。

脱口秀秘诀 12 ▶

你的任务是搞笑

STEP BY STEP TO STAND-UP COMEDY

很多新人甚至专业脱口秀演员错误地认为，他们在台上的任务只是讲写好的段子。事实并非如此。作为一个搞笑的人，你的任务是搞笑。如果你的脱口秀表演能做到很搞笑，那很好。但是如果你的表演没让观众笑呢？这时候你就要发挥创意，敢于冒险，想尽其他办法让观众笑。有很多的方式可以让观众笑，只要你敢于冒险去寻找。有些方式是你可以马上用的，有些你需要练习。如果你能成为脱口秀演员，所有这些方法在你以后职业生涯的某一个时刻总会用到。现在就告诉自己：你的任务不是讲脱口秀，你的任务是搞笑。

脱口秀的节奏

我想……节奏……啊……我想……哎呀……我想讨论一个主题我不……节奏……相信……啊……我想跟大家讨论喜剧的一个重要部分，即节奏，节奏很难进行有意义的讨论，因为它就像爱、幸福和寿司一样，是无法分析的。人们试过用很多的方法去定义它，但是大多数定义都显得苍白无力。很多年前，哈利·金（Harry King）和李·劳弗（Lee Laufer）在《如何成为搞笑又赚钱的脱口秀演员》（*How to Be a Comedian for Fun and Profit*）一书中这样写道："节奏是在讲段子的时候知道何时停下来，给观众思考的时间，为接下来的笑作准备。"这不太像是定义，但的确是个很好的建议。

对于节奏我们唯一确定的一点是，它对于搞笑至关重要。这也是为什么我们要去讨论它，不是因为有意义，而是因为有用。当我们要讨论主观性议题的时候，我发现从讲一个故事开始会很有帮助。

很多年前，我在跟着约翰·格林德（John Grinder）和朱迪·德洛齐耶（Judy Delozier）学习神经语言程序学，前者是该学科的联合创始人，后者是该学科的联合发展人。约翰和朱迪知道这是一个很容易令人兴奋的学科，他们想在练习中加入一些肢体的练习。因而他们在课堂上加入了一个伴着鼓点跳非洲舞的活动。

其实我当时已经跳过很多舞，但非洲舞对我来说是一个全新的体验。很快我就发现，非洲舞波浪起伏的动作、独特的节奏、即兴的脚步变换对于白人来说完全是另外一种风格。

带着强烈的挫败感，我去找了非洲舞团的负责人蒂托斯·桑帕（Titos Sampa）寻求帮助。他说："你是不是一直在数着拍子，很努力地把动作做对？""是啊。"我说。蒂托斯笑了，他说："不要再这么干了。看着领舞，成为鼓。"我问："成为鼓？成为鼓？美国人跳舞是乐队开始演奏就开始跳，乐队停了我们就停。成为鼓？"蒂托斯继续说："感觉鼓就在你的胸口，感觉鼓动的时候你就动，这样你会跳得好很多。"

我试了。很怪，但是很有用。胸口感觉到鼓的节奏之后，我能在我的身体里找到这些不熟悉的非洲动作了。我对成为鼓带来的效果颇为惊讶。

跳了几个月的非洲舞后，我已经跳得很不错了，所以我决定要去做鼓手。我问了蒂托斯，他答应了。打鼓要比跳舞难得多。学会一个最基本的鼓点花了我半个多小时。但最大的问题是乐团的三个鼓手要不断变换节奏。我们要一起加快或放慢，而变换节奏是毫无缘由的。我完全搞不懂，他们就像缪斯女神附体一样，而我离着缪斯十万八千里。

有天晚上在跳舞和打鼓结束后，我问蒂托斯变换节奏的信号是什么。“喔，那个啊，”他说，“我们会跟随舞者。”我大吃一惊：“等等，鼓手要跟随舞者？但是我跳舞的时候，你要我成为鼓。如果舞者跟随鼓手，鼓手要跟随舞者，那么就没有人掌控了？”蒂托斯脸上露出了开怀的笑容，大声说：“完全正确。现在你懂了。”说完他大笑着离开了。

我恍惚地站在那里，自言自语道：“我懂了？”之后，我渐渐明白了，没有人在掌控，从来没有人在掌控。我们都会互相影响，有时候我们是舞者，有时候我们是鼓手。我们在不同的时间点上共同带领和跟随，形成一个互相影响和被影响的回路。

我对脱口秀节奏的定义就是跳舞和打鼓。观众跟随脱口秀演员，脱口秀演员跟随观众。脱口秀演员不是本身具有节奏；脱口秀演员是根据观众的影响创造节奏。你无法提前确定节奏，因为它是发生在当下的一种创造。

这更加证实了一条原则：脱口秀演员与观众的关系是最重要的。如果你在台上只把精力放在排练好的段子上，那么你的节奏只是基于你重复排练的内容，而不是当下这一刻你对观众的影响和观众对你的影响。每场表演的节奏都不同，因为每场表演的观众都不同。

这也是为什么脱口秀演员不喜欢分析自己的搞笑能力。一样东西最重要的部分是无法用语言来表达的。就像草莓的味道，我可以把我余生所有的时间都花在描述草莓的味道上，但是这对于你知道它的味道如何并没有帮助。知道草莓味道的唯一方式就是去尝一个。同样，了解脱口秀节奏的唯一方式就是自己去体验。优秀的脱口秀演员都有自己的节奏，但是他们无法对其做有意义的探讨，原因就在于节奏每次都是不一样的。尽管我相信脱口秀的节奏可以通过学习获得，但它并不能由他人传授给你。你学习节奏的唯一方式便是尝试、犯错，再尝试、再犯错。如果你现在没有经过学习就有了节奏，那是因为你小时候就经历了这个试错的阶段。

我提到节奏的目的只是想告诉大家，脱口秀的节奏每一刻都在变化，是你和每个观众之间形成的反馈回路。你不需要去讨论，也不需要去思考脱口秀的节奏，但是当你和观众共同“舞蹈”的时候，你就拥有了它。

把每场表演录下来

表演的时候，把录音设备放到台上的凳子上或者桌子上，或者台下的某个地方。记得要离音响远一点，否则就只能录到你的声音，录不到观众的笑声，而观众的笑声（或者沉默）是你拿来测试段子效果的工具。记得下台的时候把录音设备带走。听起来很简单，但是演员在演完的时候往往是晕乎乎的，所以要养成拿走录音设备的习惯，或者叫别的演员提醒你。根据我的经验，脱口秀俱乐部常有一堆忘了带走的录音设备。

首次表演

不同的人首次表演有不同的经历，但是首次表演通常会有以下两个极端。

崩溃

耀眼的聚光灯照得你睁不开眼，大脑一片空白，声音发抖，满脸通红，汗流浃背，完全处于“脑死亡”的状态，你能记得的只有冷场的段子。当然，这是最糟糕的情形，我有一些方法能让你好一些。要记得这是你踏入未知领域的第一步。首次表演完之后，脱口秀不再是一个未知之谜。如果你冷场了，你现在学会了如何在观众面前讲得很烂还能活下来。你会很快发现，虽然这样挺糟糕，但也不是那么糟糕。而且，你表演不够成功也代表你的排练方法不对。你在台上忘词，要么是因为你在台上还带着批评者的角色，要么是因为你排练的状态和你表演的状态不一样。

完美

首次表演常有奇迹发生。因为你非常恐惧，你的潜意识占据主导，从而有了成功的表演。但有时候这样的结果还不如冷场，冷场让你知道哪里需要改进，但是如果表演得很完美，你可能误以为自己已经掌握了这门复杂的艺术。你没有。一次表演没有，一年之后没有，可能三五年也没有。第一次最好的表演是你既能感觉很好，同时又有一些问题，让你觉得有不少需要改进的地方。要小心的是，不要因为一两场讲得不错就骄傲起来。脱口秀就像是一只野兽，每当你觉得驯服了它，它就会转身咬你一口。

准备一个段子列表

把你要表演的段子列出来。在去俱乐部表演之前花些时间准备一个。下面是一些提示。

使用关键词

段子列表不是把段子逐字逐句地抄下来，只是演出时的一个提醒工具，所以要用关键词。很多人把关键词写在一个索引卡片上，但我喜欢写在一张标准装订纸上。因为我觉得段子列表应该是紧急备用的，如果观众看到你拿了东西上台会觉得不好。所以如果写在一张大纸上，表演的时候拿到台上的可能性就比较小。

把段子列表写在手上

把段子写在手上有几个好处。不会丢，方便，可以随时偷看。但是这样做也有几个缺点。我有个学生伊冯娜·布雷内（Yvonne Brenner）把关键词写在了手上，然后没戴眼镜就上台了。结果很搞笑的是，她找观众帮她认手上的字并告诉她下一个段子是什么。第二次表演的时候，她又把关键词写在了手上。这次她戴了眼镜，但是她用手拿过苏打水，结果杯子上的水把她写的东西都洗掉了。

告诉主持人如何介绍你

你被介绍上场的方式会为你的表演设定基调。当然，上场的时候最好观众有笑声，为发挥你的喜剧天赋预热。由于大多数主持人并不了解你，提前告诉主持人如何介绍你。

有些主持人不会用你说的介绍方式。他们会按自己的来。最好的办法是跟他们建立私人关系，这样他们会想要帮你，因为他们喜欢你。当然如果无法做到，那就顺其自然。你只能尽最大努力把自己的部分做到最好。下面是关于让主持人如何介绍你的一些建议。

永远不要告诉主持人“怎么介绍都行”

你这是在假设主持人能力很强。这个假设不好。特别是在开放麦之夜，主持人常常需要花很多精力来控制那些一讲就想讲一晚上的奇葩。即便对方恰好是个好主持，告诉他“怎么介绍都行”也不好。我认识的一个脱口秀演员，他做主持的时候，如果有人告诉他随便介绍，他会故意给对方一个教训。下面是一段他“教训”别人的介绍。

我们下一个要上场的笨蛋是个低能儿，他今晚一踏进我们俱乐部就犯了个错误。他跟我说，今晚他会比其他脱口秀演员更搞笑，因为只要有点智商，说什么观众都会笑。你们可以自己决定他这么说对不对。下面有请乔·布洛（Joe Blow）。

真是个喜剧般的噩梦。这个脱口秀演员对着主持人大发脾气，但是主持人却笑着说："你告诉我怎么介绍都行。所以闭上你的嘴，下次给我提供介绍你的素材。"

把你的介绍写到一张大小合适的卡片上

这样做会很有帮助，因为主持人可以把它放在自己口袋里，到台上拿出来念。可以把字体打印的大一点，方便阅读，有时候他们上台时会不戴眼镜。同时请把卡片多准备两三套，因为主持人可能会在你上台前把你的介绍卡片弄丢了。如果你有备用，就可以在他介绍你之前给他。

标上名字的发音

如果你的名字很难读，把读音标上。我有一个学生，他有一个神名"Mark Dziwanowski"，他喜欢说："我名字里的辅音组合可谓世间罕见。"如果他没有给主持人标上名字的发音，主持人可能会完全读错或者只是简单地介绍他"Mark"。当然这样也可以，如果你能为这件经常出错的事备好一些段子的话。

介绍里加些笑点

如果主持人觉得你的介绍能带来笑声，他会更愿意使用。下面是我给主持人的一个自我介绍，这样的介绍他肯定搞砸不了。

我们接下来的这位男士不需要介绍——（下台）。

主持人获得了笑声，接下来我也能介绍自己。

使用一些名头

如果你有一些正当的名头，那就放到你的介绍里。但是不要把你的介绍弄成简历，一两个不错的名头就够了。再多就会觉得你太想讨好观众了。如果你没有任何名头。可以像这样开个玩笑。

你看过《喜剧救济》（*Comic Relief*）、《今夜秀》（*The Tonight Show*）或者《即兴喜剧夜》（*An Evening At the Improv*）吗？下面这位男士也都看过。有请格雷格·迪安。

当然，要用你自己的名字，如果你总用“我是格雷格·迪安”开场，观众会蒙掉。

融入你的主题

如果在你的介绍中能提到你要讲的第一部分内容或者核心主题，会有加分效果。如果你的开场是关于电视的段子，你可以让主持人把你介绍成一个“电视迷”。如果你刚分手，就让人介绍你“好相处”。如果你是个体育迷，开场是关于体育的段子，就试试这样的介绍。

女士们、先生们，有请我们今晚的体育狂人，乔·布洛。

一个不搞笑但能为你的段子做好铺垫的介绍，总要比搞笑但把观众带错方向的介绍好。

介绍的设计体现你的性格或个性

并不是每个人在开始做脱口秀的时候都有自己的特色，所以这条可能不适用。

但是如果你有一些明显的特征，如超级胖、古怪、大高个、戴厚厚的镜片、属于某个特殊族群，把这些特点变成你的优势。我有个学生，他让主持人把麦克风架调得很高，然后介绍自己。

有请本行业的巨人吉姆·里奇利（Jim Ridgley）。

吉姆走出来，麦克风比他的头高出30厘米。他站在那里，看着麦克风，这样就得到了第一次笑声。

记住，一个好的介绍能为你的正常表演设定一个好的基调，而差的介绍会给你挖个坑，你得花些时间爬出来。介绍很重要，所以花些时间准备一个适合你的介绍。

热身

表演开始前你需要热身，以便启动你的喜剧发动机来闪耀全场。作为初学者，你通常有三到六分钟的表演时间。如果你上台前没热身，等你找到状态时可能时间已经到了。热身没有所谓“正确”的方法，不同的脱口秀演员在上台逗笑观众之前需要做不同的准备。下面是一些关于身体、声音和心理热身的小提示。

身体准备

轻快地走一走，原地跑一跑。做几个俯卧撑，如果觉得太费劲，对着墙做俯卧撑，不需要对着地板做。总之，活动活动你的身体，做几个拉伸动作。目的是释放压力，让身体放松。注意：不要运动过量，如果你上气不接下气地上台讲段子，观众是听不懂的。

进入搞笑状态

到处玩一玩，闹一闹，你会放松下来，这样你的幽默感会自然呈现。让自己扮演一块培根，做做鬼脸，滑稽地走路，模仿杰瑞·刘易斯（Jerry Lewis）来表演你的段子，任何能让你进入搞笑状态的活动都可以。

我在洛杉矶齐本德尔俱乐部（Chippenldale's）做开场表演的时候，每晚要做两场表演，每周四次，做了三年半。有时候很难保证演出状态，所以我设计了一些仪式来帮助我进入搞笑状态。首先，穿上服装道具，即礼服裤子、马甲、腰带，这些可以帮我把焦点从现实世界转到表演世界。然后我会打拳击，靶子是各种物件，如一条裤子、一个衣架或者演员的道具。然后，在出去之前，我会用拳击逗舞蹈演员。那时候后台是不允许来宾进入的，因为我会骚扰他们，要么挠他们痒痒，要么用拳击打他们屁股。当我的介绍音乐响起时，我会大踏步地走出更衣室，步伐跟着音乐，转身，走回更衣室，做个鬼脸，然后傻傻地迈着大步，来到我候场上台的地方。

安静凝神

有些人表演前需要一个人待着。如果你是这个风格，先热一下身，然后找个地方一个人待着。但一定要让主持人知道你在哪里，你可不想让他觉得你消失了。

我需要独处，但仅仅是上台前的 60 秒。在那之前，我都是蹦蹦跳跳玩玩闹闹，当准备踏上舞台之前，我会静下心来，等待主持人的介绍。如果我在静心独处的时候有人打扰我，我会很生气。我知道怎么把我的这些癖好和周围的人说，所以他们不会觉得我是个混蛋。如果你告诉别人你的这些习惯，别人一般会选择包容。

过一遍演出内容

过一遍演出内容能帮你记住段子的顺序，加强新段子的记忆，帮你进入搞笑状态。过内容有几种方法，但我不建议在脑袋里默默地过稿子。因为在脑袋里过稿对你在舞台上说出来没有作用。你可以试试，但很快你就会发现所有演员都知道的一点：至少你要出声。所以过稿的另一个方法就是站着发出声音，越接近你表演的状态越好。我最喜欢的方式是“亢奋式过稿”。具体方法是把表演以最快的速度说出来。这样你很容易就能找到不太熟练的地方，因为在这些地方你会结巴。

想段子

有些演员喜欢上台前想一些开场段子。他们会上台吐槽主持人、演出环境或者接上一个演员的段子调侃。这些段子通常只适用于那一场演出或者那一次表演。在一个俱乐部，我前面的一个脱口秀演员是一个红发女士，她段子的内容是一整晚都和一个陌生人待在一起。我上台的时候，我假装很累的样子，说昨天一整晚都和一个红头发的女人待在一起。这样很容易就获得了很多的掌声。

在掌声中上台

主持人介绍你之后把舞台交给你，观众鼓掌，你没有出来，观众不鼓掌了，最后你走上舞台，在尴尬的沉默中开始表演，这样的做法很业余。更好的方法是观众鼓掌的时候你上台，从麦架上取下麦克风，把麦架放到一边，掌声消退时开始表演。要掐准时间，你就得熟悉俱乐部的布局。在舞台附近候场，以免打扰观众。

避免老掉牙的开场白

你肯定不想一开口就说些老掉牙的话。你可以像跟一群朋友打招呼那样，跟某些观众亲密地说“Hello”，向后排的观众挥手，调侃一下当晚前面演出的一些内容。上台直接进入自己表演的主题常常会显得不流畅。跟观众打招呼的目的是熟悉你面前的这群人并开始建立关系。你并不是一定要用一些老掉牙的话来完成这个环节，如果你跟观众聊天你可能会惊讶地发现：原来那边有人。

如果你想知道这些老掉牙的开场有多烦人，你可以坐在俱乐部的观众席上，看看 10 个或者 11 个演员一上台都说：“Hi，你们今晚好吗？”观众可能想大声尖叫：“我们都很好，求你别再问我们了。”还有一个用烂了的问题：“你们目前还开心吗？”最新的一个烂大街的问题是：“你们好吗？”（Wus up？）

观众是来看演出的，不是来被迫鼓掌的，不是来回答老掉牙的问题的。如果演员们更有创意一些，他们会更加享受地看表演。

设计一个强有力的开场

跟观众打完招呼后，如果你的第一个笑点就能让观众大笑，这会让你放松很多。所以有个好的开场段子非常重要。它也能帮你给观众留下第一印象。例如，我的一个黑人学生卡罗尔·麦格拉思（Carol McGrath），上台后会站在麦架后面，让观众观察她，然后说：“你们应该看得出来，我是加拿大人。”

另一个学生，梅尔·麦基（Mel McKee）会利用自己在俱乐部里年龄最大，而其他演员基本都是年轻人这一点。他的开场是：“我基本上每天早上都能醒过来。”

承认现场明显的状况

如果现场可能有让观众会分散注意力的地方，你要提到这个问题，让观众回来，以便聚焦到你的表演上。这些让观众分散注意力的地方可能是你身体上的，也可能是你个性上的。例如，如果你很胖、斜眼、国籍很不明显、身体有问题或有残疾，这些问题需要跟观众承认，之后观众能更放松地享受你的表演，不然可能会一直想着这些问题。

不仅是身体方面，有时候还包括个性上的问题。我有个学生叫沙尔基（Sharky），他是个很和气的人，但他有时候在台上会比较尖锐，让观众感觉不太舒服。我建议他用下面这个段子来承认这个问题，他也这样做了。

如果你不喜欢我，但是喜欢我的段子，你可以像在家里一样，闭上眼睛，想象我是另外一个人。

接下来的一个例子也是我的一个学生的，他叫杰夫·派因斯（Jeff Pines）。他来上课的时候有点害羞，因为他有语言障碍。他说的话你听得懂，但他有很明显的大舌头，我觉得需要解决这个问题，最好是通过一个段子来解决。我不太确定杰夫是不是听了我的建议，但是第二周杰夫来上课的时候这样开场。

格雷格说我有语言障碍。可能是他的耳朵有问题。

这样讲很搞笑，因为他不仅扭转了局面，还吐槽了老师。杰夫后来上了高级班，他继续写一些关于大舌头的段子，我告诉他可以把大舌头变成他的一个特色。从此以后，“语言障碍男”（Speech Impediment Man）就诞生了，而且“语言障碍男”的段子一周比一周搞笑，他创作出了类似下面这样的段子。

每当醉汉需要翻译的时候，我都会出现。

接下来，在培训的表演之夜，杰夫震惊全场，他在表演中把上衣撕开，露出了超人T恤，在超人标志的“S”里加上了“I”，代表“语言障碍男”。观众都乐疯了，我甚至听到有人用头撞桌子。这是一个很好的例子，只要愿意使用幽默，就可以化腐朽为神奇。

避免常用的老套做法

注意脱口秀演员用烂了的那些说法和做法，尽量避免使用。我不是指社会观念的陈词滥调，这些是你段子的材料。我说的是那些会把你很快从一个独特个体变为无聊众人的过时东西。

身体方面

下面这些是脱口秀演员从其他人身上学来的习惯，现实中的人是不会这样做的。

一只手扶着麦架。
前后走动，眼盯着地板。
身子向着观众前倾来讲话。
在两个段子的中间时刻用双手鼓掌。
上下滑动麦架，表示要抛笑点了。
观众笑的时候点头赞许观众。

我只列出了其中的一部分。每一代的脱口秀演员都会在上一代的基础上加一些用烂了的动作。

语言方面

我知道，我在提升和打磨段子那一章讨论过脱口秀演员在语言方面的陈词滥调，但我觉得还是有必要再说一遍让你明白。

“你们有没有注意到……？”
“但是认真看来……”
“我不是想说……”
“还有吗？还有吗？”
“那是什么意思呢？”

尤其是不要用动词“爱”和“恨”。有那么多更有意思、能描述感觉的词汇，干嘛要选一个这么轻浮的词呢？查查字典吧。把所有陈词滥调都记下来，表演的时候不要使用。唯一的例外是除非你想吐槽这一点。例如，我的几个学生用过这样的开场。

嗨，你们今晚好吗？我为啥要这么问？我才不在乎你们好不好呢，反正我很好。

不要以提问的方式做串词

在脱口秀演员所有的陈词滥调中，以提问的方式引出新话题是被滥用最多的一个，也是最浪费宝贵舞台时间的一种方式。所以，本人请求大家不要再不假思索地继承这个脱口秀传统了。你可以看看电视上的脱口秀节目，数一数有多少脱口秀演员是以提问的方式做串词的。这样做不仅很烦人，还需要有人举手或发出声音来回应你。然后，脱口秀演员通常会忽略掉观众的反应，因为他对此并没有兴趣，他只是想过渡到下一个话题。即便脱口秀演员注意到了观众的回应，他也只会草草地应付，以便尽快开始讲自己的段子。

例如，我看到过一个脱口秀演员用提问的方式做串词来进入下一个关于恐惧症的话题：“你们有多少人有恐惧症？”后排有一个女士给出了热烈的回应，她喊道：“我有！我非常害怕蜘蛛。”

因为这个脱口秀演员其实并不想收到回应，她直接无视那个怕蜘蛛的女士，说：“嗯，那太好了。我恐高。”然后她继续讲自己的段子。观众嘘了这个演员，因为她问了个问题，却对回答的人漠不关心。

另外一个错误使用提问的现象是，脱口秀演员即便没有收到自己想要的回应，还是硬讲下面的段子。我在南加州的一个骑手俱乐部做开放麦表演的时候，我前面的一个脱口秀演员问观众：“你们有多少人上过大学？”这个酒吧里大概有15个头发油乎乎、有文身、穿皮衣、抽烟喝酒、裤子上挂着锁链钱包的机车骑手。他们互相看着，好像在说：“大学？老子初中都差点没读完。”结果是，没人举手，也没人回应。但是，这个脱口秀演员还是按照自己计划的段子来讲：“太好了。我猜你们会对这个段子有共鸣。”观众笑了起来。不是因为脱口秀演员好笑，而是即便是这些反文化的异类也看出来演员没有得到想要的回答却在硬讲。说了这么多，希望大家理解为什么我反复强调不要用提问来过渡这一点。

现在我们说一说解决方法。不需要去提问，直接说出你对这个话题的负面意见。那个女脱口秀演员可以讲：“我非常恐高。”这样她就能迅速进入自己的话题，而不需要去回避一个不想要的观众回应。那个大学生也可以讲：“我的大学生涯完全是一个折磨。”

唯一需要提问的情况是你想要跟观众互动，跟他们进行喜剧式的对话。如果你想要问观众问题，就准备好和回答问题的观众对话。不然，直接说出你对要讲的话题的负面看法，这样既能节约时间，也能过渡到下一个主题。

注意“连珠炮综合征”

“连珠炮综合征”指的是脱口秀演员在台上一点都不停顿，不给观众笑的时间，甚至都不呼吸，一股脑把段子讲完。你在台上的目的是让大家笑。慢下来，享受舞台。记住，脱口秀是和观众的一种关系，不是拿笑话像机关枪一样扫射观众。下面我们讲一下“连珠炮综合征”的两个原因和解决方法。

害怕忘词

初学者害怕忘词的时候往往会匆忙地从一个段子跳到另一个段子。这样做貌似有用，实则不然。事实上，当你想迅速讲完段子的时候更容易脑袋空白，因为任何一点干扰都会让你完全错乱。而且，看一个人一股脑地背完段子毫无娱乐性可言。观众是来笑的，不是来看一个怕忘词的人一口气背完段子的。解决方法是合理排练，上台带一个段子列表，享受舞台，把注意力放到和观众建立关系上。

表演内容过多

其原因在于贪婪。我知道你想把你所有最好的段子都放到表演中，但是塞入太多内容无异于自杀。虽然段子可能多了，但是你要加速讲完，这样就无法充分发挥每个段子的真正效果。看表演最让人伤心的莫过于看着一个脱口秀演员因为速度太快而把好段子讲烂。

要避免这个问题，你要知道你有多少舞台表演时间，排练的时候，准备的内容要比这个时间至少少 30 秒。这样能让你更从容舒适，更享受舞台，而不是有时间焦虑。而且万一你冷场了，你会庆幸自己段子不多。少讲段子比讲烂段子好。

像重视笑点一样重视铺垫

很多脱口秀演员只把铺垫当作一种信息。他们随意地讲给观众，把主要精力放在讲笑点上。我觉得这是一个很大的错误，原因有几个。第一，铺垫在大部分段子中占到95%到99%，也就是说脱口秀演员有95%到99%的舞台时间在讲铺垫。如果只是随意地讲，这是对舞台时间的严重浪费。第二，是你对铺垫的表演让观众接受你的目标假设。如果只是报告式地给出铺垫，误导作用就会打折，笑点就不会有很好的效果。在台上的每一刻，你都要有同等的投入和重视。

永远不要嘲笑在笑的观众

这是一条重要的不成文的规定。你嘲笑在笑的观众，不仅这个观众会停止发笑，其他观众也会，因为他们不想让你嘲笑自己。有观众会在看演出的时候笑得很大声或者表现得很怪异来吸引别人的注意，所以这些人往往会成为观众的领笑。如果你打压这个人，可能会让所有观众熄火。你是上台来逗大家笑的，所以就让他们笑吧。

唯一的例外是有观众的笑声扰乱了你的表演，通常这种情况是因为一种无意的起哄。但是，让这个人闭嘴往往也会让所有观众不再笑。我发现只有一种技巧可以处理这种笑声，就是给他们比预期还要多的关注，直到他们开始笑自己。我会一直鼓励这个观众笑，直到他自己觉得不好笑便不再打扰我的表演。当然，有的时候你只能在这种干扰的笑声中继续你的表演。无论如何，永远不要打压观众的笑声。

将观众视作一群独立的个体

这是我能给你的最好的建议。如果你将观众视作独立的个体，他们会感觉到你在乎他们。花些时间和某些人做眼神接触，为某个人定制一个段子。讲段子的时候直接对着某个观众讲，并且时不时地换人。毕竟观众是由一群独立的个体组成的，他们想有特殊存在感。满足他们的需求，他们也会给你相同的反馈。

观众笑的时候我们该做什么

知道观众笑的时候我们该做什么非常重要，因为如果你做错了，他们就不笑了。还得专门讲这一部分我觉得挺搞笑的：为了获得观众的笑声，演员花了大量的时间写段子、排练，又用巨大的勇气上台表演，而当他们获得笑声的时候，却又忽略掉，继续讲段子。

脱口秀秘诀 13 ▶

观众笑的时候演员闭嘴

STEP BY STEP TO STAND-UP COMEDY

你知道怎么训练跳蚤吗？把跳蚤放到一个罐子里，用蜡纸封口，在蜡纸上戳一个小洞让跳蚤可以呼吸。跳蚤会向上跳，想要跳出罐子，但是会撞到蜡纸。跳几次之后，它就知道了它只能跳这么高。之后你就可以把蜡纸取下来，跳蚤永远也跳不出罐子了，因为它被训练好了。

你知道怎么训练观众停止发笑吗？一样的原理。我曾经看过脱口秀演员打断观众的笑声从而把观众训练到不再发笑（阅读“从搞笑到爆笑”那一章“笑点用‘底’收尾”部分）。观众笑的时候脱口秀演员继续说话，观众会停下来听演员在说什么。如果这样的情况常常发生，观众就会像被训练的跳蚤一样，学会不再发笑。允许观众发笑非常重要。当然，如果你把跟观众的关系放在第一位，你们会心有灵犀，你会知道什么时候让他们笑。观众笑的时候我们该做什么？下面是一些建议。

定住

只是站在那里不动，等笑声慢慢变小。这招对时间比较短的笑声很有用。但是稍微定住久一点就会显得比较做作，时间久的笑声也不容易坚持。

保持跟笑声开始时一样的状态

如果你保持讲段子的状态，观众笑，笑声停，你可以继续顺着讲下去。这和定住不一样。例如，如果你是咆哮着在舞台上走动，观众笑的时候，你还是同样愤怒地在台上走，但是不发出声音。当笑声停止的时候，你还是处于同一个能量状态，所以你可以继续回来咆哮。

允许笑声影响你

笑声对你情绪的影响决定了你对现场的解读，从而可能激发你作出即兴的发挥。如果你能创造性地利用观众的笑，你的表演会自动创造出新东西。对观众来说，他们会感到这种表演有一定的危险性。当你不知道你接下来说什么的时候，表演的氛围会不太一样，因为观众知道你的表演完全基于他们的反应。例如，如果你讲了个这样的段子。

我有一段恋情，两年了——就我一个人。

如果有人笑得很大声，你可以说。

你也有这样的恋情。

或者继续调侃你的个人问题，比如。

我想这让我成了一个自力更生的男人。

当观众笑你的问题的时候，可以让他们的笑声影响你，自己觉得有点受辱，反击说。

谢谢你们把快乐建立在我的痛苦上。

思考接下来讲什么

只要你没有明确告诉观众接下来要讲什么，观众笑的时候思考你接下来讲什么是一个很有效的方法。这里我所说的“思考”指的是看到你要讲的段子的画面。如果你已经排练过段子中的体验，会很容易想起来。这些画面、声音和感觉会在情绪和身体上影响你，再加上观众笑声对你的影响，这些共同决定了你接下来会说什么、怎么说。当笑声停止的时候，你可能会以完全意料之外的方式作出回应。

关于俱乐部员工

如果你想要顺利表演，你还需要和你工作环境中的其他人处理好关系。这些人对你表演的质量有直接的影响。他们可能会帮到你，也可能会成为你的障碍，我想你肯定想让他们和你站在一边。

主持人

首先，我要说明一下，这里我说的主持人是开放麦的主持人，不是巡演时候的专业主持人。业余主持人常常缺乏经验，他们会让本来就很难很恐怖的表演变得更难更恐怖。他们在场上正式的工作是介绍表演者，但是相信我，他们还对整场的节奏和氛围影响巨大。主持人的好坏可以成就或者毁掉一场表演。根据我和我学生的经验，开放麦的大部分主持人都很恐怖，他们常常通过贬低所有人来获得笑声。但是，主持人也是喜剧领域最容易被忽略的一个角色，如果你做得好，没人会注意到或者说什么，如果你做得不好，所有人都说你不行。不管如何，主持人是一个非常重要的角色。下面是一些需要知道的事项。

主持人可能决定谁能上台

如果你惹恼了主持人，而他是决定上台名单的人，你可能就上不了台。有些人需要操控力和权力，而一旦有了，他们就会滥用。但是不管对方有多白痴，他们处在了有权力的位置上。你想要的是这些人帮你，而不是针对你。

发展个人关系

你表演完之后，主持人可能会称赞你也可能贬低你。跟主持人有私人关系，你被贬的概率会小很多。主持人有时候非常残忍，举个例子，我有一次看开放麦，有个第一次登台的演员非常糟糕。就好像嫌场面还不够冷一样，主持人上台后说：“你们知道有时候我们会付钱给农民，请他们不要种庄稼……”

主持人获得了很好的笑声，但是对新人是很大的打击。主持人会以自己的方式搞笑，但他们也是初学者。所以要习惯他们的不合时宜。如果你连热都受不了，就不要进消防队。

给主持人提供你的介绍

主持人可能会，也可能不会念你的介绍，但是如果念的话，你上台的尊严感就会强很多。如果你没有自我介绍，一般就会被贬。

做主持人

做主持人能帮你获得舞台时间。如果你是一个很棒的主持人，能在两个演员之间串场的时候让观众笑，观众会整场留下来不走欣赏你的表演。这样的话酒吧老板会很想让你再来，不仅是因为你很搞笑，还因为你能让观众留在酒吧更长的时间，喝更多的东西。酒吧老板做的是生意，不是提供一个让艺术家做实验的基地。如果你做主持人，你就变成了掌握权力的人，要使用好这个权力，因为一个今年遭遇你不公平对待的演员，可能明年就变成了某个情景剧的制片人。能做好主持是一个非常有价值的技能，同时能帮你获得更多的舞台时间。

服务生

他们本身工作就很辛苦。如果你像我一样观察过鸡尾酒服务生，就会发现他们需要快速地给所有人提供服务，最后收钱，还要保持微笑，这是一份压力很大的工作。因此想让他们对你的演出有积极影响，需要你有礼貌。下面是一些注意事项。

同样，发展个人关系

服务生可以用很多方式给你的表演带来负面影响。他们知道酒吧老板最关心的是卖更多酒水而不是好的表演。他们可以选择在合适的时候上酒，也可以选择在不合时宜的时候上酒。他们可以低声地让客人点单，也可以提高分贝。在他们提供服务或者让客人点单的时候，他们可以站着也可以蹲着。如果他们喜欢你，他们会尽力为你着想。如果他们讨厌你，只需要在工作的时候稍加改变就能破坏你的整场演出。

不要和俱乐部的服务生约会

跟他们发展个人关系，但是不要太亲密。和他们约会可能带来很多复杂的问题。我的职责不是把它们一一列出来，但是如果因为约会让老板不想请你来表演，那就出问题了。这样对你的事业不好，毕竟你是自由职业。有些俱乐部甚至明文规定演员不能和员工约会。因此，你最好自觉不和服务生或其他俱乐部员工约会。

鼓励观众给服务生小费

他们一般拿最低工资，主要收入靠小费。如果你能帮他们拿到更多的小费，他们会支持你。如果他们对你照顾是因为他们本身与人为善，那么鼓励观众给他们小费吧，因为你能做到。

酒保

酒保是很有趣的一类人。他们在俱乐部里有很大的影响力，因为他们会跟大部分人交流。在这个世界上，有些人权力不大，但是如果他觉得自己有权力，就会用到极致。所以最好和这些人做朋友，让他们能欣赏你的表演，而不是成为脱口秀恐怖分子，给表演带来伤害。下面是一些注意事项。

还是和前面说的一样，发展个人关系

我总是强调这一点，你可能已经烦了。但这是最重要的辅助技巧之一。如果酒保喜欢你，他们会替你的演出着想。例如，他们管着几台能发出噪音的机器，如收款机和搅拌机。他们可以决定是在你讲笑点的时候榨汁、收款还是等几秒钟再做。他们可以大声喊出点了什么酒，也可以压低声音。而且他们在酒吧有话语

权，能多送你一杯饮料，也能多收你钱。

给酒保小费

我本人做过酒保，这份工作很辛苦。和服务生一样，他们想要获得别人的欣赏。如果酒保多送你一杯，请在吧台的小费碗里放一两元小费。一个喜欢你的酒保会愿意你待在那里，也能让你的表演更愉快。

每次登台做到最好

每次表演做到最好，并且为演出的成败负责。如果你没有尽力，你就无法获得真实的反馈。例如，如果你在试新段子，你只用了一半的力，这次尝试就没有意义。脱口秀同行奥古斯·汉密尔顿（Argus Hamilton）跟我说过："周六晚上试新段子。这样的话，如果失败了，就败得很惨。如果成功了，就是巨大成功。这样你就知道这些新段子是要继续用还是扔掉。"

同样，不尽最大努力也是最大的借口。如果你没有真正努力过，你就无法知道你表演的真正水平。没有全情投入，迟早都会失败。投入，让自己为成功做好准备。

舞台经验无可替代，只有它能让你知道如何成为脱口秀演员。所以上台逗观众笑吧，他们笑，你也笑，一路笑成有钱人。

11

大胆出演

STEP BY STEP

TO

STAND-UP

COMEDY

和其他的艺术形式一样，脱口秀是一种跟你心中的魔鬼共舞的表演。你不仅要当众经历与魔鬼的斗争，而且要幽默地处理这种斗争。幸运的是，我们这一章会教给你一些喜剧的工具，让你能够克服舞台恐惧，对付起哄者，化解冷场，牢记你的台词，无所畏惧地面对任何观众。

克服舞台恐惧

我觉得“舞台恐惧”这个词挺搞笑的，这种描述并不准确。其实你并不是在恐惧舞台，舞台不过是一堆木头和混凝土而已。你真正恐惧的是在舞台上没有达到你的期望或是其他人的期望。实际上，你很少会恐惧当下正在发生的事情。舞台恐惧，恐惧的是一种想象的后果，是你想象将来可能会在你身上发生一些糟糕的事情，而这些糟糕的事情会带来一定的后果。

既然你已经接受了这份喜剧历险的挑战，你应该会明白得与失的关系，你将会面对无数未知的东西。这是个学习的过程。如果你把这个过程看成是进入一个陌生的小黑屋，可能会有所帮助。当你刚打开门踏入黑暗，你会很恐惧，因此你会夺门而逃。但如果你真的很好奇黑屋里有什么东西，你就会回头，打开门，进一步走进黑暗中。它仍然很恐怖，但不像第一次那么吓人了。如果你打算参加一个脱口秀工作坊，老师就会帮助你把屋里的灯都打开。这时你可以探索这间已经充满亮光的屋子，研究屋里那些古怪的、你不知道怎么使用的玩意儿了。你回到这间屋子的次数越多，你就会明白得越快：那些所有未知的东西，其实只是玩具而已。你把玩得越多，你就能享受到越多的乐趣，直到它们不再属于未知的领域，而是变成了你的日常玩偶为止。接下来会有像我一样的老师出现，替你打开另外一扇门。

有趣的是，我们对表演的恐惧有两个方面：一种是演出前的紧张不安；一种是在舞台上的恐惧感。下面是如何克服这两种舞台恐惧的小窍门。

演出前的紧张不安

当你对你的感觉负起责任时，你就会感到有一种力量，因为你能掌控它，而不是成为它的受害者。在这一章，你会学到怎么把演出前的紧张不安从敌人变成盟友。

正确地看待

在宇宙中一个模糊的角落里有一个银河系，银河系边缘上有个微小的太阳系，太阳系中有一颗蓝色的小石头，你是这颗石头上几十亿人中的一个。而这样的你对踏上舞台产生了那么一丁点儿的恐惧。当你把这个问题与宇宙剩余的部分去对比的话，你的问题简直微不足道了。

同时，你也是有福气的一个，因为你可以奢侈地踏进一家喜剧俱乐部。这个世界上有很多人还生活在战争中，失去了所有的家人，没有食物，随时面临死亡的威胁。和这些相比，你踏上舞台面对一群陌生观众的恐惧，不值一提。

我不是在告诉你恐惧感不真实或者不重要。我对此毫不怀疑。但当你把它和能否继续生存相比的时候，有机会去把人逗笑，这说明你已经属于非常有特权的一群人了。正确对待它，享受它吧。

把恐惧视为准备妥当的标志

有时候你的思考方式是问题产生的根源。有没有想过，万一是你把准备妥当的感觉当成了恐惧的错觉呢？为了描述这一点，下面给你们讲一个我的治疗师菲尔（Phil）和诺尔玛·巴雷塔（Norma Barretta）告诉我的故事。

在人进化成人之前，我们都是野蛮的前人类。当遇到危险的时候，我们的潜意识会让我们产生并释放肾上腺素来帮助我们变得更警觉、更快、更强，准备对付异常的情况。假如有一个剑齿虎过来了，我们就会释放肾上腺素使我们准备好“战斗或者逃跑”。我们要么去攻击它，让它变成我们的盘中餐，要么赶快逃命，以避免成为它的盘中餐。肾上腺素其实是一种用来准备应对异常状况的天赋。

今天，当异常状况出现时，我们仍然会产生肾上腺素。但现在我们的潜意识告诉我们，文明人不应该恐惧。所以我们压抑了肾上腺素带给我们的感觉。这迷惑了我们的潜意识，所以它又让我们产生了另外的肾上腺素。我们认为我们在恐惧，而既然我们恐惧这种恐惧，我们会再次压抑它。这样会一直持续直到我们充满了肾上腺素，我们就会发抖，这个时候更加确认了恐惧感是件糟糕的事情。

坦诚

你会翻来覆去地听到一条建议：对一切问题都保持公开的坦诚。如果你害怕，告诉观众你很害怕。如果你需要上厕所，告诉观众你必须要上厕所。对于很多人来说，产生上面这些感觉都是不好的，所以他们会试图掩盖。但当你恐惧的时候，观众也会察觉到你的恐惧，所以你要承认这个事实。这样你就不用再花时间和精力来试图掩盖它了。

产生这些感觉都是很正常的。你在做一件很棒的事情，而你的潜意识让你产生一些肾上腺素使你处在最佳的状态。在很多时候，当你承认并且公开表达你的感觉时，奇迹就会出现：问题化解了。

创造一个热身仪式

简单来说，就是找到一些可以把你的意识留在当下的仪式，让身体、心理和创造力都能热起来的仪式。如果这些占据了你的意识和身体，你就没有多余的空间来想象一个令人恐惧的结果了。

感受你的感觉，并带着这种感觉表演

在上台之前，我常常想："为什么我要这样对自己？"答案当然是"因为表演带来的好处远胜于这种短暂的不适感"。当你有紧张感时，承认它，让自己知道有这种感觉是正常的。不要让它阻止你做自己想做的事。正如前面所述，你感受到的只是肾上腺素而已。感受它，了解它。正如神经语言程序学学者罗伯特·迪尔茨（Robert Dilts）所说："你不是想把蝴蝶赶走，你想的是让蝴蝶能有序地飞。"

保持清醒

部分人会误认为解决恐惧感的办法是抽烟喝酒。通过喝酒把信心喝进来或者通过抽烟把恐惧感去掉。这种办法只是饮鸩止渴。是的，可能会有一两次有效，但很快它就会变成一个更大的问题，这个问题比本身要掩盖的紧张感更加麻烦。

你在演出之前的紧张感也许永远不会消失。仅仅用烈酒麻痹自己并不意味着它不存在了。它依然存在。当你忽略它时，如同其他的信号一样，它会变得越来越强。这意味着你要喝更多的酒来压制它。这不仅愚蠢，而且需要进入贝蒂福特

诊所（Betty Ford Clinic）[1]治疗了。请保持清醒并学会管理你的舞台恐惧吧。

舞台上的恐惧感

很多时候，一旦你在舞台上开始表演，你的舞台恐惧感就会消失。但如果没有，你可以做下面几件事来克服它。

把自我批评放到一边

就算你没有对不完美的自我批评和责备，你眼下做的事情已经足够令人恐惧了。接受自己并不完美的事实吧。你才刚刚走进那个陌生的小黑屋，需要给自己一些时间来了解黑屋里面藏着什么东西。总是想着你的缺点，你会很快让自己陷入恐惧，动作僵硬。现在你需要的是获得支持和建议来帮助你提高。

正如我之前所述，恐惧缘于想象未来的可怕性，特别是自我批评，它把你所有可能犯错的地方都指出来。当你对自我批评置之不理后，你就能全神贯注于手上的任务了。这种状态才能把你有趣的想法传递给观众。

保持对段子中体验的情感连接

你的意识一次只能感觉或者表达一个事情。看上去你能同时感受很多事情，但实际上每个瞬间都只有一个，它们只是在飞速地变换着。要让你的恐惧感消失，必须处理好注意力放在哪里的问题。你要么把注意力放在恐惧当中，要么对笑话的体验全情投入。当你对你的体验有情绪连接时，你就停止了对紧张感的关注，并沉浸在如何表达表演的情绪当中。

你的舞台恐惧可能永远不会消失，但如果你采用了这些方法，一个也好，所有也好，它就会变得可控。你唯一需要担心的是感受不到肾上腺素，因为它能帮

---

① 美国著名的戒瘾治疗中心。

我们变得更警觉、更快、更强，为我们踏上舞台逗笑观众时发生的异常情况做好准备。你控制舞台恐惧的目标是把它变成一个可接受的鼓励信号。

如何处理头脑空白

对于初出茅庐的脱口秀演员来说，头脑进入空白状态是第二个常见的恐惧。从老师的角度来说，我认为你越快进入空白越好。你会处理它并撑过它。一旦你意识到这不是什么大事，你不仅能处理好头脑空白，你还能把它变成搞笑的事。

让内在批评者远离舞台

内在批评者的出现是人们出现头脑空白的主要原因之一。自我批评需要自我评估，所以你把注意力放在了评估自己身上。这样你就没有多余的注意力来记台词了，这种状态就是所谓的头脑空白。当然你并不是真的空白。所有的事情都还在你脑子里转，但所有的东西都变成了记忆的障碍。修复这种矛盾状态的办法是在排练时把你的批评者角色和创造者角色分开。

按你期望的表演状态排练

有些人会错误地相信他们能够在头脑中就把表演排练完成，随后踏上舞台，作出他们想象中的表演。实际上，除非你只是想踏上这个舞台然后在舞台上想象一遍你的表演，否则这样排练是不可以的。大多数观众还是想听到、看到你实实在在的表演。

如果你想出声地表演，你就必须出声地排练。如果你想在情感上也进入状态，你就必须带着情感排练。如果你想表演一个角色，你就必须排练表演这个角色。你想表演时有什么状态，你排练时就必须有什么状态，否则你不可能记住。

保持搞笑状态

这条建议适用于任何意外状况。如果你自己很搞笑，特别是在陷入困境的时候也表现出搞笑，观众就会和你在一起。最糟糕的时候是观众替你感到不舒服。只要你仍然搞笑，他们不会介意你犯了错误或者在台上忘词。如果你觉得事情很搞笑，你就更容易找到你的幽默感，你能把这些状况都变成搞笑的事情。

我的一个女学生仅仅通过在脑海中想象来排练她的表演，无论我怎么苦口婆心地警告她，舞台的压力会让她忘词，她还是一意孤行。不出所料，当她在脱口秀俱乐部正式演出时，果然脑子一片空白。幸运的是，她记住了保持搞笑的这条建议。她不停地调侃她忘词的事实，并得到持续的笑声。为了支持她，我大声喊出了她最强段子的话题。这时她回应道："噢，谢谢，格雷格，现在我必须死撑下去，真正开始我的表演了。"这句话又引发了爆笑。她通过保持搞笑体面地撑过了她的表演。最后，她承认确实需要出声地进行排练。

保持坦诚

观众不会在意你是否暂时忘词，但他们想知道究竟发生了什么事情。不要试图隐藏它。直接承认：我已经把我所有的东西全忘光了。

观众很可能会因为你马上要面对头脑空白的恐惧而同情你并引发大笑。如果你试图掩盖它，你的能量和注意力会放在如何隐瞒它或者观众是否会留意到忘词这些地方。经常有这样的情况：如果你直接承认你已经忘词，你的记忆力会神奇地恢复。

深呼吸

演出的压力可能会使你产生生理上的紧张。如果你深呼吸一下，你会意识到其实你还好。盖拉·约翰逊（Gayla Johnson）女士，不仅尝试了这个办法，而且知道所有的观众也都非常紧张，她让观众跟她一起深呼吸。观众们照做了并因此发出一阵大笑。

查看你的段子列表

关键词能提醒你讲到哪一部分了。你可以重新记起你在哪里忘了词，或者跳过这一段，尝试些新的话题。

尝试即兴互动

即兴互动是和观众交谈。向他们提问："你好，你叫什么名字？你从事什么工作？"然后根据他们的回答进行调侃。这是一个非常有效的工具，它能把注意力从你的身上移开并且帮助你重新跟观众建立联系。这样的练习是非常有帮助的。即兴互动也可能会成为一件可怕的事情，但也比傻站在那里要强得多。

应付冷场

冷场是脱口秀演员最大的恐惧。当你的表演没有得到任何笑声时，生活不再是一部电影，而你被扔进这样一个世界：你在人们面前，脸红到发烫，你所能听到的是无声而又震耳欲聋的呐喊声，随后你内在的自我开始尖叫："为什么我要这么对自己呢！"你的嘴巴好像被塞了棉花，你的心脏在胸腔里砰砰乱跳，大颗汗珠成串地流下你的脸庞。你终于体会到脱口秀演员所说的那种"失败的汗水"了。

如果这样的描述就让你做脱口秀演员的想法打退堂鼓，最好现在就放弃，因为要成为一个幽默的人，冷场无法避免。请接受这一点并且学会聪明地处理它。

在我的一个班上，一个学生足足冷场了 5 分钟。最后我问他："你知不知道在最后的 5 分钟完全没有一个人笑呢？" 他回答说："我知道，但我不想让它影响我。" 但你应该让它影响你。这种感觉太糟糕了，你需要想办法做点什么。

脱口秀秘诀 14 ▶

如果你现在做的没有效果——那就随便做点别的事情

STEP BY STEP TO STAND-UP COMEDY

随便做点别的事情？是的，任何别的事情。你必须有灵活变通的能力，因为尝试任何不同的东西都比重复做没效果的东西要有效。你选择的新东西也不一定有效。但至少现在你知道有两个东西可以避免再做了。

冷场并不仅仅是脱口秀演员受苦的一部分，也是学习的一部分。如果你从来不冷场，你永远都不会去学习。通过冷场，你通常能了解什么东西不会有效果，这个和我们了解什么东西会有效果一样重要。

学习脱口秀和学习其他东西一样，你会有一些不知道该怎么做的时候。只是在脱口秀行业，你需要在众目睽睽之下蹒跚学步。对于如何看待冷场，你有你的选择。你可以把它定义为失败，也可以看作反馈。如果你选择把冷场称之为失败的话，那么你可能就会像很多人一样，试过几次脱口秀表演，遇到冷场，感觉自己是一个失败者就随之退出。但如果你想以脱口秀为生，你会发现把冷场当作一个反馈来看待的话，会非常有帮助。

在脱口秀中你会得到非常清楚和即时的反馈。观众只有两种反应：笑或者不笑。为了提升你的表演，你必须为表演的走向负起责任，坦诚地面对不足，并且改正它。这一章提供了很多技巧、原理和技术，帮你实现一场成功的演出。但记住，你一定会遭遇冷场，所以做好准备。下面是一些处理冷场的有效的提示。

继续投入

记住一点：你处于什么状态，观众就会处于什么状态。如果你放弃了你的表演，他们也会放弃你的表演。如果保持搞笑不值得你全情投入的话，那就走人吧。我是认真的。可以肯定的是，你将会有一些非常糟糕的夜晚。那又怎样呢？如果你真的想成为一名脱口秀演员，你必须每次上台的时候都全力以赴。有大把的脱口秀演员在每一个晚上都为自己的表演倾尽全力，你拿什么去跟别人竞争呢？

在任何一个时候，如果你退缩了，情况只会更糟糕，因为你已经停止了全力以赴。但如果你保持投入的话，永远都还有机会扭转局面。我已经是过来人了，也看到很多人是这样子过来的。如果你就这样放弃你的表演，除了怪自己还能怪谁？如果你不对自己的表演足够在乎，也没有其他人会帮你在乎。

保持幽默感

为了说清楚我这里真正想表述的意思，我从搞笑能力（sense of funny）和幽默感（sense of humor）这两个词的区别开始说起。搞笑能力是说你知道怎么让其他人发笑，幽默感是你能让自己发笑。如果你的搞笑能力在某个晚上不灵了，那么幽默感能够起到作用。换句话说，如果你觉得自己失败了也很好笑的话，观众会很欣赏你这种自嘲的能力。至少，你在冷场的时候也会感到很愉快。

冷场最大的问题不是没有得到笑声，而是导致大脑处于可怕的状态。你越是觉得很糟，观众也越会觉得很糟。他们会希望你离开舞台，不是因为你没有得到笑声，而是他们替你感到难受。如果你自己觉得这个冷场的表演还可以接受，并且你还拿这件事来调侃，观众也会和你有同感。当你离开舞台的时候观众也许会这么评价：“他不是很搞笑，但他尝试搞笑也是挺有意思的。”如果你保持你的幽默感，观众多半都会为你加油。

还有一点，我相信幽默感是人类表达痛苦的方式之一。冷场当然也属于痛苦这样的类别，而你的幽默感必须在这个时候出现来对付它。冷场的表演是很尴尬的，但如果冷场时还没有幽默感，表演就会完全让人崩溃。如果你能够冷出幽默感来，那么至少你可以体面地离开这个舞台。

保持坦诚

当你表演失败时，你最需要做的一件事就是坦诚。观众需要知道的是你知道自己冷场了。而让观众知道的最好方式就是你自己提起它。只要你坦率承认眼下的事实，观众就会一直信任你。

如果一个脱口秀演员忽略了他没有得到任何笑声的事实，观众就会想："天啊，这个家伙知道自己一点都不搞笑吗？"如果这个过程持续太久，他们就会不再信任这个演员，因为很明显，他自己都没有意识到或者根本不在乎他在冷场。最终，观众就不再听你的了。这个时候，你能听到自己已经被吸进了一个漩涡当中。

承认你的段子没有得到笑声，这又不是犯罪，没有什么需要道歉的。你上台本身就冒着巨大的风险，即使你失败了，这也是值得你自豪的事情。但那些从来没有上过台的人不会了解这一点。所以不必过于在意。

不要为自己找借口。你承担了风险，你承担了后果。观众期望你能搞定它。找借口使你看起来像个没有担当的混混，当事情不顺利的时候就推卸责任。用你最好的表现来扭转局面，不断探索让观众笑的方式。

当你非常诚实面对自己表演的缺点时，奇迹可能就会出现，观众居然笑了。他们没有预料到在一个如此磕磕绊绊的演出中表演者会这么直白，这打破了他们的预想。在喜剧里，坦诚永远是最好的办法。

用你的救场段子

救场段子通常不会在你的表演中出现，但一直保存在你的潜意识里、在紧急情况下可以使用。而冷场就是这样的紧急情况。当你将要溺水时，这就是你的救生圈。以下是其中的一些例子。

这个段子我在写的时候其实是很好笑的。

说“沉默是金”的人绝对不是一个脱口秀演员。

我最喜欢的一个救场段子是我的学生凯文·康斯托克（Kevin Comstock）所写的。

我做的脱口秀叫隐形脱口秀。笑点要么神出鬼没，要么来了就像没来一样。

征求意见

如果在台上表现一直很糟，可以跟观众来聊一聊这一点。他们会给你一些建议，例如说“滚下舞台”或者“你还是别放弃你白天的工作了”。但如果你能够不在意这些意见并且能够从某个人那里得到一个答案，你将会学到非常珍贵的一课，也就是如何影响你的观众。

在 20 世纪 70 年代末期，我和迈克尔·戴维斯（Michael Davis）在做加州文艺复兴节街头秀的时候，我们在演出中表演了这样的一段：迈克尔在最后完成了一个非常棒的杂耍，我在肩上扛着一个拖把走向他，我跟他握了手，然后转身就走，这样拖把会横扫过来并打到他的脸。这是一个很老的小丑戏，是我们在马戏团工作的时候学到的。我们表演得非常逼真，以至于观众都停止了笑，随后开始为迈克尔被这么狠狠地打在脸上而抽了一口凉气。事实上，我往前迈了一步，所以拖把实际上几乎没有碰到他。我不喜欢观众抽了一口凉气这样的反应，因为我想要的是笑声。在一次表演中，我问观众为什么他们会这样，观众大叫道：“你用拖把把他打得太狠了。”我感谢了这位观众，解释了其实我没有打到之后继续我们的表演。我和迈克尔讨论了这个问题，随后我们练习这个“拖把打脸”的动作，直到我们把它练习到不那么逼真，观众才重新笑起来了。

跟你的观众交谈，他们对你的表演能提供真实的意见。如果你想听取他们的意见，你会比那些认为观众都是傻瓜的演员成长得快很多。这不是说你要对观众言听计从，收集这些信息但不去使用，比完全不去收集要好得多。

让段子对观众更加个人化

导致冷场的错误有很多，只对着一个观众来表演是其中一个。把观众当成一个群体来表演会让演出有能量得多。你可以对着第二排的观众重复你的笑话，可以通过与某位观众直接对话让观众相信你所讲的东西是绝对真实的，可以在某位观众的桌子旁边坐下来，自始至终都在继续着你的表演，可以坐在某人的腿上，可以把一个段子与某个人联系起来，随后把你的段子对另外一个人重复一遍，对比一下效果。

一场个人化的表演是一场引人入胜的表演，观众会保持全神贯注。因为在任何时候，你都可能会跟他们聊天。即使你没有冷场，我相信脱口秀这样的表演也应该是一个人与人之间的交流，而不是一个单方面的展示。

更强烈的情绪反应

为了更好地理解这一条建议，请记住笑话都是一种反应。当一个表演反应平平时，通常是因为你只是说出了这个笑话的文字本身。提升情绪的强度会迫使你对你所讲的东西作出反应。至少这样会让演出充满能量并更加有意思。

用不同的语速来表演你的段子

如果你认为你已经太快了，那么慢下来。如果你怀疑你自己讲得太慢了，就需要加快一点。如果你所做的东西都没有作用，那就做一点其他的吧。

只讲你最好的段子

你很清楚你哪个段子是爆笑的，哪个是不错的，哪个是平平的。如果你感觉快被观众葬礼般的沉默吸走了，就不要再讲一个完整的故事了，直接切换到最爆的段子。然后告诉观众，你正在做什么，并且说："好吧，我知道刚才那个不是很好笑，你们听一下这个怎么样？"尝试从你的素材库中挑选出最合适的段子。如果找到一部分能把他们逗笑的段子，可能会给剩余的表演带来一个好的开头。

尝试即兴互动

当你冷场的时候进行即兴互动，跟你忘词的时候进行即兴互动有不同的作用。这时你就是在做一些"其他事情"来试探观众。互动再糟糕也比讲没有效果的段子要好。当你互动的时候，观众就知道你是冒着风险来让他们发笑的。大多数情况下，既然你已经竭尽全力来表演了，他们就会和你站在一边。

演完之后处理冷场

当表演结束时问自己："我已经竭尽全力了吗？"如果答案是："是的"，你已经成功了。你无法做得比最好更好了。这不意味着你要停止提高，但当你已经做到最好，那就可以问心无愧了。

自己反思一下，头脑中过一遍那些出问题的地方，想想下次怎么能做得更好。虽然这是完全的马后炮，你一定会想我要是当时这样做就好了。但是你需要谨记于心，以备将来使用。不然你怎么知道如何改进？

一旦你考虑了所有选项，做了所有该做的，你可以放下了。不要把你的精力浪费在责备自己上面，好好计划和准备下一场演出吧。

越过“伤害线”

当某人或某物看起来真的受伤了的时候，演出就变成戏剧了。这就是喜剧和戏剧的区别。喜剧不处理伤害性事情的后果。喜剧里，某些人或者事会被伤害，但不是真的被伤害，更多是像“卡通式”的伤害。想想当你看到一个人滑稽地跌倒，你会笑，但是如果你意识到他真的受伤了，你就会停止发笑并伸出援手。观众也会是同样的反应。如果他们感到某人或某物真的受伤了，他们是不会笑的。

这种情况也适用于想象出来的场景。如果你在段子里讲到踢一条狗，而观众感觉到这条想象出来的狗受伤了，他们可能会叹气甚至会嘘你。很奇怪，对吗？

对于你来说也是如此，如果你冷场了并且表现出不舒服，观众也会替你感到难过。他们就会希望你离开舞台，这样他们就不用替你难受了。

另外，“伤害线”不是固定的。同样的事情，一个观众可能感觉受伤，另外一个观众可能会大笑。这也是为什么你要“阅读”你的观众，特别为他们演绎你的段子。有些观众可能特别喜欢那些毒舌段子，而另外一些可能会喜欢轻松愉快的段子。你需要感受到这一点并且根据情况调整你的表演。

对付起哄者

起哄属于一种观众病。遭遇恶意起哄是脱口秀表演中第三常见的恐惧。想到有人会起哄，一些初学者就会对演出望而却步，因为他们也不知道是否有能力来应对。但是，和所有的事情一样，实际情况并非想象得那么可怕。对付起哄者时，你的目标是获得掌控权，主导你的演出。

> 脱口秀秘诀 15
>
> 大多数的起哄者认为他们在帮你把演出做得更精彩
>
> STEP BY STEP TO STAND-UP COMEDY

大多数的起哄者只是不懂，而并非心存恶意。他们喜欢你，并且希望能帮上忙，所以他们会喊出他们的想法并且认为这样表演会更加精彩。他们并不熟悉相关的概念，比如说一个段子到另一个段子的流畅性、整个演出的节奏感的建立等。他们在不知情的情况下打断了只有脱口秀演员才知道的隐性作用。他们只知道他们发表了一个意见并得到了笑声，随后演员继续表演并得到了更多的笑声。他们想："嘿，我们合作得多好。"

有效地对付起哄者的技巧，只有在累积很多舞台经验后才能掌握。在这个过程中，有一些有用的建议可以帮你处理这一问题。

无视评论

这可能会让你意外，但如果你无视刚开始起哄者的评论，起哄者就会感到尴尬并且闭嘴，或者他们的朋友会让他们闭嘴。对于我来说，这是最艰难的一课。作为一个初学者，我总是觉得有一个偷窥者在窥视我的表演，我会羞辱他然后再回到我的表演中。这总是会导致一种对立情绪。但有一次，我尝试无视一个起哄者，而他再也没有继续起哄了。当他意识到我没有跟他建立起交流的时候，他就放弃了。这让事情变得简单很多，表演也更加流畅了，因为处理一个起哄者，你需要停止你的表演，做你不得不做的事情，然后再尝试重新建立表演的节奏。如果你忽略他们，你只需要继续表演即可。

保持搞笑状态

无论对你的评论是多么恶毒，仍然要保持搞笑的氛围。如果你意图伤害这个起哄者，观众就会站在他那一边，因为已经越过伤害的底线了。记住，你是什么状态，你的观众就是什么状态。如果你变得尖酸刻薄想报复，观众也一样会变得尖酸刻薄想报复。起哄者可能会砸了你的场，但你如果用不幽默的方式反击他，就会让你的演出砸得更加彻底。观众是来寻求快乐的，不是来看你如何用人身攻击来报复一个混蛋的。一旦脱离搞笑的状态，你就已经远离你的职责了。

确定对方“罪有应得”

这条很重要。什么时候出声处理起哄者？当观众跟你一样都被他惹烦的时候。如果观众不认为他“罪有应得”，他们会认为你是反应过激的混蛋。

有一天晚上我在做一个表演，有两个非常漂亮的女子坐在我右边一米左右的地方。她们认为我是她们观看异国男子跳舞的障碍。这是一名普通观众的态度，我必须撑过这个开场。这几个女子非常令人讨厌。她们对我说了一些人身攻击的话，但又正好只能让我听到。如“天啊，他的皮肤实在是太糟糕了，他长得挺难看的”，“让他滚开，换个真正的男人上来”。这些对于我来说是很难听的，所以我也对她们说了几句刻薄的话，她们就闭嘴了。但是所有的观众也沉默了。只有我听到了她们所说的话，因此所有的观众看到的只是我对这两位女子毫无理由的恶毒攻击。表演结束后一名服务员问我为什么这么做，这时候我才意识到这一点，我出人意料地对着这两位女士大吼。她们是否“罪有应得”已经无关紧要，其他观众认为她们是否“罪有应得”才是最重要的。反过来说，一旦观众认为他们“罪有应得”，你就可以出手了。

不要归咎于自己

有一些人去脱口秀俱乐部就是以扰乱演员的表演为乐的，在我看来，这种人就是混蛋。不过在一次次的起哄以后，你对付他们这种混蛋就有经验了。如果起哄者成功惹恼你，他就控制了你和你的表演。我知道避免上当很难，因为你非常在乎你的表演，你想要把演出做到最好，但一个起哄者就能惹怒你，让你的演出变得很糟。

永远不要邀请起哄者上台

猜一下为什么我会知道这一点。当我最开始回到旧金山时，是在 20 世纪 70 年代中期，我在一个小俱乐部工作。我被起哄者搞得非常烦躁，于是我发脾气了，跟他说：“你觉得你讲得好，那你行你上啊。”他真的上了。他把我推到一边并且讲了一个超级爆笑的段子。这时，这个开放麦俱乐部的老板过来了，我以为他会帮我，但相反，他让这个起哄者滚下舞台，然后跟我大吼：“我们有无数的人想要预约上这个舞台。你居然让他上来了！这样的事情绝对下不为例。你现在上来完成你的表演。”

“耻辱”这个词用在这里是不是非常合适？我实在是太绝望了，接下来的六个月我都没有做一场脱口秀表演。永远不要邀请一个起哄者上台，因为，诡异之处在于，大多数的起哄者都能够讲上一两个非常好笑的笑话。他会得到笑声，而你则看起来像个笨蛋。

使用对付起哄者的台词

对付起哄者的台词并没有你想象中那么容易使用。你知道很多羞辱人的话，但并不意味着马上就能用它们来对付起哄者。这是一个你需要学习的心理游戏。你需要准备很多巧妙的回答才能应对各种各样的起哄者。你可以自己创作或者学习一些羞辱性的笑话。

真不可思议，在数百万的精子当中，你居然是最快的那个。
现在你知道为什么有些动物会吃掉自己的后代了吧。
近亲结婚的确令人悲伤。
耶稣爱你，但其余所有人都认为你是个混蛋。
对不起，我不是有意打断你打断我的表演的。
闭嘴。

有时候，越简洁越好。如果你有两个起哄者，下面这个是更加常用的。

噢，很好。环绕立体声混蛋。

不要跟女人过不去

无论她们如何“罪有应得”，你都不能像攻击男人一样攻击女人。你可以说这是性别歧视，也许吧，但这也是一个喜剧界的现实。每个人都有一种保护女性的原始天性。即使女脱口秀演员也无法像攻击男人一样攻击女人。当然，女脱口秀演员远比男脱口秀演员要少。对付女性起哄者，你的言辞必须控制在一定的尺度之内。如果你使用了过分的言论，观众们会迁怒于你。可话又说回来，如果你的言辞不够强有力的话，她们会继续起哄并毁掉你的演出。下面是一些例子。

没关系了，我也记得我第一次喝啤酒的时候。
你去看病是不是要便宜一点？

上次你起哄的时候，是不是穿了同一件衣服？

请闭嘴。

我最近听到的最好的一个办法是我的朋友告诉我的，他是一名滑稽戏表演者，叫弗兰克·奥利维尔（Frank Olivier）。他说："攻击跟她一起的男人，这样她就闭嘴了。"下面是弗兰克的台词。

我看了一下她的男人，我想如果我每天早上都在这样的女人身边醒来的话，我也会变成他这样子。

挑战他们，让他们多说一点

这一招可以帮你扭转局面，你就可以痛斥他们说的蠢话了。假如他们说了一个不错的评论，那么激他们再多说一点。他们很快就会无话可说了。这个目的是让他们在屈服中感到尴尬。下面是我在一名男性起哄者对我评论后作出的演绎。

这个很有意思。还有吗？继续吧，未来的唐·里克斯（Don Rickles）。开始啊，继续。再多来两个。

起哄者的回击如下。

你并没有你想象中的聪明。

他显然有点失控了，于是我直接抓住这点：

我们这位文学天才又来了一次严厉批评。太烂了。我们的戴尔·卡耐基（Dale Carnegie），继续吧。啊，现在我给你机会讲你怎么又不讲了？继续啊，让每个人知道为什么在别人表演的时候你这么需要关注。我倒是不会去你工作的地方来抢夺你手里的铲子来干活。

当然，这必须以一种调侃的语气来完成，但本意是讽刺的调侃，因为你想要起哄者知道，在你的演出中，他大声搭话显然是不受欢迎的。我在好几场演出中试过，非常有效。再次强调，我的确惹恼了一些人。但如果他们冒这个险，他们也需要接受这个结果。

诚恳地要他们停止

我知道这简单到不太现实，但确实有效。既然大多数起哄者认为他们在帮助你，有时候友好地要他们停止就足够了。我现在甚至可以跟他们承认我没有他们好，并请求给我一个机会。表演者礼貌地请求起哄者不要再发表评论了，这样消除敌意的方式大多数人都会同意的。毕竟，你的目的是能够在没有起哄者干扰的情况下继续你的表演。真诚地尝试这个建议，会有效果的。这是实话。但如果真的没效果，那这些混蛋也太该骂了。

应对醉汉

有时候你会遇到这样的起哄者，很明显他或者她会像混蛋一样毁掉你的演出。像这样的混蛋无论你做什么他都是不会闭嘴的。有一晚，一个女人喝醉了，她已经处在另外一个世界了。我刚刚上台，她就用那个一天抽三包烟、满嗓子都是痰，又很刺耳的声音尖叫："脱——掉——！"

我毫不意外女人会喊"脱掉"这样的词，因为这是她们在俱乐部经常喊的口号。我用上了我标准的回击："对不起，我这条裤子是拆不开的。"

现场一阵大笑。但那个晚上这位女士没有听到我的话。她也听不到任何人的话。她只是继续尖叫："脱——掉——！"我忽略了接下来的几次尖叫声，但她就好像进入了一个重复的程序一样，每隔 30 秒就叫一次，所以忽略完全不管用了。

我尝试了一句对付起哄者的台词："我打赌男人一定会很喜欢你的性格。"

观众仍然站在我这边。他们也谴责了这位女子并给予我掌声。但这位烂醉的女子仍然坚持每隔 30 秒左右就再尖叫一次。在七八次以后，我利用她在尖叫前深呼吸的时机暂停，让她尖叫："脱——掉——！"然后再开始表演我的段子。观众能看到我是在操纵着她。

我甚至即兴编了个段子。在我猜她即将要尖叫的时候，我说："稍后，有异国舞蹈演员将要出场并且你们将会大叫——"正在这时，她大叫："脱——掉——！！"

又是一阵爆笑。但对于我的表演来说这越来越困难了。因为我只有这么一点台上的时间却被她占用光了。我决定采取一个新的策略。我走向她，跪下，盖住我的麦克风不让观众听见，看着她和她的朋友，诚恳地说道："刚才很有趣，但是我真的需要继续我的演出了。如果你们能停止大叫的话，我会非常感激。求你们了。"似乎是被我的请求所影响，烂醉的女子回答："脱——掉——！！"

有时候有些情况是无法解决的。她醉得实在太厉害了，任何形式的沟通都是徒劳的。尽你的全力让还站在你这边的观众开心就是了。这不是你个人的问题，是这个捣乱的人有问题，而不是你。出现这样的情况时，就当作是一场被起哄者毁掉的表演吧。

无视起哄者所在的区域

这个窍门是从迈克尔·科里亚尔（Michael Colyar）那里学到的。他说要公然无视有观众起哄的区域，把所有的注意力放在尊重你并且注意力集中的观众区。这样会让观众自己竞争，他们也想要获得演员的关注。假如被无视的区域想要重新得到脱口秀演员的关注，他们就会指责起哄者并且让他闭嘴。让观众来替你做这件事情显然是更加明智的。

演出之后

花点时间来回顾你哪里做得好，并且想一些下次能够更有效的方法。如果你花时间来评估并考虑一些新的方式，下一次遭遇起哄者的时候你就能够胸有成竹了。

如果演出结束以后，起哄者来找你，你不要生气或者制止他们，这样会让他们认为你被起哄是“罪有应得”。再次强调，也不要太过友善，让他们觉得无所谓，而是告诉他们，他们给你的工作制造了困难。当我在喜剧商店工作的时候，一个起哄者在我的整个演出中喋喋不休。我很好地处理了他，并用我的巧妙回击得到了一些笑声。在演出的最后，这个起哄者过来给我买了一杯啤酒。我拒绝了。他倒是愤愤不平地说：“为什么你还不开心？我帮你得到了那么多笑声。”我承认他所说没错，然后解释道，他的插嘴打断了我一个段落的铺垫，这个段落有 17 个段子。因为我必须停下来处理他发表的评论，我的舞台时间也减少了，只能砍掉这个段落。他创造了一个只有两个笑点的场景，却牺牲了 17 个笑点，我损失的是 15 次笑声。他开始向我道歉。我并没有接受他的啤酒，收拾好我的行李，带着这个世界上也许会少一个起哄者的感觉回了家。

只有大量的舞台经验才能教会你如何应对头脑空白、处理冷场、对付起哄者，但如果你学习了这些建议，你会比那些一出问题就只会一味责怪观众的演员们进步更快。明白这一点很重要：无论什么情况，永远都有一个能让人发笑的办法。

12

增加经验

STEP BY STEP

TO

STAND-UP

COMEDY

对于渴望成功的演员来说，积累舞台经验是最重要的锻炼。我可以教你很多脱口秀技巧，但能让你变得幽默的唯一途径是在观众面前表演。

很多初学者都会犯这样的错误：等待“最佳时机”去表演脱口秀。我不想说得太难听，这简直是放狗屁。没有什么最佳时机，任何时候都是最佳时机。

在我看来，只有一种超强力量可以促使你成为一名职业幽默家：热衷于逗人们发笑。不管你在成为脱口秀演员的过程中需要付出多少代价，人们并不会花大价钱让你成为脱口秀演员。对于初学者来说，在你学习如何变得幽默的过程中，你能学到最多的一点是：这样做没有效果。

唯一能让你成功的方法是尝试并从错误中学习。所以，如果你是一个脱口秀的初学者，请你准备好接受失败，而且是不止一次的失败。这个想法会让人觉得很不舒服，但你最好习惯它。记住，如果有些事情值得去做，那就值得你拼了老命去做。如果你觉得这样做会让你很沮丧，你还不如现在退出，这会让你少很多焦虑。

脱口秀秘诀 16

在任何场合都能给观众表演

STEP BY STEP TO STAND-UP COMEDY

任何场合？是的，任何场合。对于我准备推荐的某些场合，你会觉得很惊讶。不要老想着有报酬。为了成为一个幽默家，你需要时间和经验去积累自己的段子。当你有了 20 到 25 分钟比较好的段子，能让你始终保持搞笑，那就可以每晚去不同的俱乐部表演了，而后你才可以开始靠这个找工作。

在那之前，要找到一些地方积累经验。

开放麦

在一些夜店、饭馆或咖啡馆等地方，任何人只要愿意，都可以上台表演 3 到 6 分钟脱口秀，如果你在开放麦里能表现得很幽默，那么你可能在任何地方都能表演得很幽默，但仍然有些事情你是需要了解的。

不要期待公平对待

这些地方很少能给你带来愉快的体验，最常见的是你会被安排早早上台，甚至还没有顾客进来你就要开始了，或者被安排在最后上台，所有人都已经走了。如果你幸运地碰到观众，那通常是其他准备登台的演员，或者是三个喝得烂醉、一边往嘴里塞辣椒一边放屁的家伙。要勇于面对这样的命运，记住，在经历过黑夜以后，还有更黑的黑夜。

通常需要提前报名

如果你要参加开放麦之夜，通常需要当天、提前一周或提前更长的时间报名。这件事很耗时间，但无论如何，去预约就是了。

别怕被驻场演员挤掉

有时候，俱乐部的驻场演员会把你的时间往后挤，甚至完全把你从报名表上挤掉。我知道这很让人沮丧，但在你变得更资深之前，你要有在喜剧界跑龙套的准备。属于你的时代总有一天会到来。

留意下台的信号

很多俱乐部都配备灯光或信号，告诉你什么时间该离开舞台，一定要注意。如果你超时 30 秒以上，这些信号会越来越强，提醒你赶紧下台。更糟糕的是，他们可能以后再也不让你来了。

演艺俱乐部的无报酬演出

演艺俱乐部一晚通常安排十个以上的演员按顺序表演，但传统的俱乐部一场演出通常只会安排三个演员，即开场演员、中间演员和压轴演员。如果你能在演艺俱乐部拿到一个常规演出的位置，对你成为脱口秀演员会很有帮助，因为这样你就有经常锻炼的地方了。但这种事很难，下面的建议应该能帮到你。

选定一个俱乐部，混个脸熟

你出现次数越多，越有可能跟老板搭上线，然后有越多机会上台表演。这就像是给你的脱口秀学习交学费，也是一项耐久测试。如果你能不顾一切地坚持，而不是浅尝辄止，任何人都能看出来，你对脱口秀这份职业非常认真。

表演干净的段子

这是一个在本章会反复出现的话题，原因有几个。如果你的笑声都是因为爆粗口而得到的，你其实并不是在写笑话，你只是打破了人们对于正常社交礼仪的期待。同样地，你绝不可以在商业电视台里讲荤段子，网络电视也不行，那可能是你得以扬名立万的第一个渠道。

可能你会说："但艾迪·墨菲是明星，他就讲很多荤段子。"没错，但他是通过《周六夜现场》（*Saturday Night Live*）和他的喜剧电影扬名的，他在电影里最大的本钱是他的喜剧演技。他是大明星，只要高兴，他怎么做都行。最后我要告诉你，俱乐部老板都倾向于请讲干净段子的演员上台表演，实际上，很多俱乐部只接受干净的段子。

按规定的时间表演

新手会犯的另一个错误是超出规定的表演时间，这会让俱乐部老板和其他跟你一起表演的演员都讨厌你，因为你会令整个演出的结束时间推迟。

运作你自己的演出

找一个餐馆、酒吧或俱乐部，只要他们有扩音设备和麦克风，并且对方愿意让你表演脱口秀就行。只要你能保证演出多少能给他们增加一点生意，或至少不用他们自己出钱，这些地方的老板都会愿意协助你。你可能要自己承担所有的准备工作，甚至要自己出钱做宣传，但只要你能搞定，你就有了一个不错的演出场地。

如果可能，你可以拉几个同样是刚起步的演员一起做这件事，让他们也分担一些责任。

搭一个小舞台

如果老板允许，你要搭一个高一点的舞台，站得稍微高于观众对表演者来说有一种心理上的帮助，当你和观众一样高，甚至比他们低时，插科打诨有时会变成一件令人沮丧的冒险行动。

让演员自带观众

很多俱乐部现在都这样做。演员能在台上表演多久，取决他或她能给俱乐部的椅子上塞进多少张屁股。屁股决定露脸。

我的重要搭档盖拉·约翰逊和学生戴夫·赖尼茨（Dave Reinitz）一起在洛杉矶沃尔克城大学的一个餐厅演出。为了找到足够好的观众，他们把这个演出弄成了一场比赛，优胜者由观众投票选出，所以演员们都竭尽所能去多找观众来捧场。每隔 10 周，所有优胜者都会回来搞一场半决赛，胜出者将获得由餐厅提供的现金大奖。1995 年的总决赛正好和美国喜剧节的时间一致。这是一个由慈善组织赞助的喜剧节，也是在沃尔克城大学举办。于是他们就和喜剧节一起举办了。

在我写这本书的时候，这个比赛仍然在继续，任何人都可以去参加，盖拉和戴夫尤其热衷于此，因为他们有了一个可以每周表演的地方。

国际演讲俱乐部

国际演讲俱乐部（Toastmasters）专注于公共演讲的锻炼，定期举行会议，让会员和嘉宾上台演讲。如果你可以在俱乐部里发言，没理由不用自己的脱口秀段子作为演讲内容。我不少学生都在这个组织举办的比赛里胜出过。

慈善会议和公民俱乐部会议

很多公共服务组织经常开会，有的接受在会议上表演娱乐节目。这些组织存在的目的是为了支持社区工作，所以给人们提供机会在公众面前表演也可以成为他们的议程之一。当你有好的内容时，为他们表演是可以获得报酬的。记得一定要表演非常干净的段子。

社交派对

如果你始终找不到适合的地方演出，那么可以把日常聚会的谈话当作你段子的传播途径，悄悄地练习笑话，不要让别人知道你是在拿他们做试验就行了。

在 20 世纪 70 年代中期，我在派对上爱演这事可是名声在外的。只要房间里一安静下来，我就会开始来上一段脱口秀。可能有时候所有人都玩得有点魂不守舍了，但我却可以获得很巨大的笑声。

有一年圣诞节，我身上没什么钱，于是挨家挨户地在亲戚朋友家给他们表演一小段专门创作的脱口秀，作为送给他们的节日礼物。有人觉得这样很棒，也有人觉得我做脱口秀做疯了。我那时候很年轻，所以两种意见我觉得都能接受。

在公园里或大街上

别笑。我是从家乡的城市公园里开始喜剧生涯的，我在公园里的野餐桌旁边给人们表演，过了几年，我就在旧金山的渔人码头靠喜剧杂要表演赚到了不少钱。

迈克尔·科里亚尔是一名很有喜剧天分的美国黑人脱口秀演员，他的职业生涯是从芝加哥开始的，他自称那时候做的是“游击队式脱口秀”。他会在午休时间跑到大街上给人们表演脱口秀，后来他搬去洛杉矶，在威尼斯海滨大道上工作了一年多，在谈到为何从芝加哥搬走时，他说：“因为在芝加哥，人们在下雪的时候根本不会停下来听我的笑话。”他在一个电视选秀节目里赢了10万美元，然后慷慨地捐了一半给流浪汉。从那以后，他上过很多全国性的电视节目，并且出演了十几部电影。所以，你可以认真考虑一下，在任何人多的公众场合都可以表演。

舞厅

关于如何增加经验，迈克尔·科里亚尔跟我分享了他另一个独创的方法。在寻找不同的表演场地的过程中，他去了舞厅打探情况。他留意到有些人会因为跳舞跳累了而离开，于是他说服舞厅老板，让他在舞池里做15分钟的脱口秀表演。他给出的条件是，如果舞厅的顾客们不喜欢他，他就再也不来了，但如果人们喜欢他的表演，舞厅老板就要给他30美元。

最后的结果是，人们非常喜欢迈克尔的表演，而且在他表演完以后，人们得到了休息，重新又有精力继续跳舞和喝酒作乐了。舞厅老板多赚了钱，自然爽快地给迈克尔报酬。有了初步的成功，迈克尔继续说服了另外10间舞厅的老板让他做同样的事，不久以后，他就能通过在舞厅表演脱口秀每周赚到300美元了。这是“游击队式脱口秀”的另一个巨大成就。

永远不要抱怨没有地方表演，没有就自己创造一个。每一个新途径都会让你的知识储备和个人风格得到加强，有些体验会很可怕，有些体验会很有趣，有些二者兼而有之，但这都不是重点，重要的是，你要尽可能多地积累自己在公众面前表演的经验。记住，好的判断来自经验，而经验来自不好的判断。

到目前为止，我能给你的最好建议就是：

出去表演，现在就去！

13

让演出锦上添花

STEP BY STEP TO STAND-UP COMEDY

13
让演出锦上添花

打磨演出是一个持续的、循环发展的过程，修改段子、排练、表演，通过对整个演出的打磨，然后再次修改段子、排练、表演，循环不止。所有职业脱口秀演员最后都会摸索出一套把自己的演出打磨得更好的方法，但其中并没有所谓“正确”的方法或“最好”的方法。

如果你不在观众面前表演一下就开始着手改进演出内容，其实并不是一个很明智的做法。为什么？因为只有实际的经验和直觉才能告诉你，观众对你某个笑话或某段表演是怎么看的。

下面这些指导原则能帮助你发展出自己独有的工作模式，它们是我通过对脱口秀演员的教学和观察而总结出来的经验，也可以作为标准的脱口秀知识。这是其中一个教你如何打磨演出的建议。

- 回顾演出
- 给每一个笑话打分
- 改编、重写和重新编排
- 再次排练和表演

这些只是指导原则，不是僵化的手把手教学程序。所以请尽管根据自己的实际情况改变顺序，跳过某些步骤或加入自己的方法。请记住，就像“打磨”这个词的本意一样，这是一个持续不断地提升你的演出水平的过程，而不是一件一劳永逸的事情。

回顾演出

回听或回看演出是最好的方法，能听出什么地方有效果，什么地方没效果。最好能先从头到尾看一遍，对哪里好和哪里不好有一个总体的印象，然后再倒回去，逐句逐句地看。每一个笑话，每一小段都要听，每一句或每一个笑话都要按暂停键或停止键，这样你才有时间逐个分析，因为只有从细节处着眼，你的改进才能更有效率。

用录音机记录演出是以前最受欢迎的方式，但随着手持式录像机的出现，用录像来记录演出在俱乐部里变得流行起来。有些俱乐部甚至专门架设了室内录像机，收费帮你录制演出。如果价钱合理，你应该好好利用这项服务，录像在帮你打磨演出方面是一个巨大的优势。

如果你觉得自己能记住演出中发生的所有事情，那你就错了。通常你只会记得一点点自己在演出中做过的事情，特别是即兴的部分，如果要记得观众对你每一个笑话的反应这些细节，那更加是不可能的事。一定要用某些设备来记录演出，这样你才能回看或回听。

给每一个笑话打分

当你回顾自己的演出时，在一张纸上列出全部的笑话，或者在计算机屏幕上列出来，在每个笑话旁边预留空间来打分。当你回看时，根据所获得的笑声来给每一个笑话打分。给那些获得最多笑声的笑话打上 A；一般笑声的打上 B；最少笑声的打上 C。如果一个笑话没有获得笑声，观众仅仅微笑了一下，那就给它一个 D；如果某个笑话只收获一片沉默，那就是 F。

运用这个方法，你的表演终有一天会充满 A 级的段子。当你创作了更好的段子，你就把 C 级段子去掉，随着时间推移，你可以开始修改 B 级的段子，最后，你的演出里只会剩下 A 级的段子。要达到这个目标并不是一项容易的任务，特别是当你知道，大多数脱口秀演员常规演出的内容只是自己创作段子的 10% 左右，而在这 10% 里，又仅有 10% 或更少会被他们评为 A 级。这些数据给你的感觉就好像是，你写的段子必须百里挑一才有可能得到一个 A。我这样说不是要打击你，只是想让你明白，保持有规律的写作习惯是多么的重要，这样你才能持续不断地创作出新段子。只要你一周能写出一个 A 级的段子，那么你一年就能获得 52 个很棒的段子，这已经有差不多 30 分钟的 A 级内容了，或者相当于四五个电视脱口秀表演的长度了。

毫无疑问，那些登上《莱特曼秀》或《今夜秀》的顶级脱口秀演员，或者拥有自己的有线电视节目的演员，他们绝不会表演 B 级或者 C 级的段子，如果你也想成为他们当中的一员，你就必须做得跟他们一样。

下面是我那一段关于邮局的脱口秀段子，我给里面的笑话打了分，每个笑话都有两个得分，因为我是根据两次不同的演出效果分别打了分的，这样写会便于阅读。第一行只是开场的介绍，所以我没有打分。

想跟大家聊聊邮局，可我又不想生气，但我又实在办不到啊。

D-D 首先，邮局居然胆敢把自己的标志设计成一只展翅高飞的雄鹰。是不是啊？它怎么看都更应该是一个正在打瞌睡的懒汉才对啊。邮局让我觉得很不爽是因为它是垄断经营的。如果它要像一个真正的企业那样运营，其难度应该和在印度成功开一家牛排店差不多。

C–D“邮局服务”这个词语中的“邮局”和“服务”其实是一对反义词。

C–C 有一天，我正在邮局排队，我浏览他们的照片墙，特别留意到了一张绷着脸、恶心、下作的照片，喔，原来是他们的当月最佳员工。

F–F 我当时已经排队排了 10 分钟了，但是队伍却变得越来越长，所以我喊道：“队伍越来越长了，是不是该请你们关掉其中一个窗口呢？”他们就真的关掉了一个窗口。

C–B 也许我们现在对邮局的人太苛刻了。邮递员其实挺有效率的。我是说他们用枪的时候。

C–B 嘿，他们的口号就是这样啊：无论风霜雨雪，还是昏天黑地都阻止不了他们的子弹。

B–C 但是我不理解的是，怎么会有这么多邮局的员工会被同事杀掉，他们应该是被满腔怒火的顾客杀掉才对。

A–A 听到我喷了这么多邮局的事情，一名邮局员工跟我说：“你不能侮辱我们邮局员工。”我说“为什么不行？”他说：“因为我们知道你住在哪里。”

C–A 我说：“得了吧，即使你跟在我后面，你最后也只会走错到别人家。”

D–C 为了换个话题，我问他，为什么那些设计邮票的艺术家从来没有纪念过邮局呢？他说，我想他们可能是担心人们把口水吐在邮票上错误的一面吧。

F–F 还有一些事情让我觉得很烦恼，为什么邮局有很多纪念玛丽莲·梦露和马丁·路德·金的名人系列邮票，我想知道的是查尔斯·曼森的系列邮票在哪里呢？他也是一个名人啊！

C–C 还有，邮票上只有像轧棉机或蒸汽机那些老式的发明。为什么就不能有一些现代的重要发明呢？比如说隆胸？

D–D 他们可以把隆胸邮票成双成对发行。

F–F 这样我也会考虑成为一个集邮爱好者。

这很残酷，但也很常见。只有一个笑话获得了 A–A，有一些 B，还有几个 C。无可否认，我打分很严，但让我惊讶的是有些笑话居然没有获得较好的反应。其实把我自己的失败贴出来，面子上有点过不去，但比起这个，还有更好的办法能让我告诉你们，笑话创作的成功率其实很低吗？

虽然我很想劝自己不要这样做，但我只会留下 A、B 或 C 级的段子。有些 D 级和 F 级段子其实我很喜欢，但我在舞台上又不是为了自娱自乐，我是为了让观众发笑，所以必须这样做。

改编、重写和重新编排

我把这三件事放在一起说，因为他们经常重叠。例如，当你改编了某些地方，你常常需要重写其他笑话，然后导致要重新编排整段内容；当你重写了一个笑话，你通常要改编其他笑话，然后重新编排整段内容，如果你编排了整段内容，你就要重写……我想你已经懂了。

改编笑话

无情地改编自己的笑话，这将是你在学习脱口秀过程中学到的最有用的能力。很多人很有趣，但他们会把自己的笑话当作孩子一样紧紧抓住不放，不管这笑话是好还是坏。你越早把那些没效果的笑话砍掉，你的表演就越早能达到专业水平。

如果一个笑话效果始终不好，把它从你的表演里挑出来，放到一边。注意，我并没有建议你把他们彻底抛弃。如果你觉得那里面有好笑的地方（很明显，你认为是有的，因为你已经克服创作笑话的种种困难把它写出来了），那么很有可能它是好笑的。把这个笑话或整段表演先放一边，让它们在你的潜意识里慢慢渗透，适当的时候再把它们捞起来。

有些演员会把某个笑话或整段表演放到一边，很多年时间都不会再去碰，最后重新拿出来的时候，这些笑话却变成了非常爆笑的内容。是什么导致了这样的改变？可能是演员的演绎技巧或者他们的性格：也许是他们学到了更多技能或掌握了新的方法，让这个笑话终于发挥了功效。所以记得留住那些目前被你剔除的老段子，最终你也可能会用它们拯救一个笑话、一个铺垫，甚至一整段表演。

下面这些笑话我打算从我的邮局段子里剔除掉，因为他们只获得很少的笑声，有些甚至完全没有获得笑声。

D–D 首先，邮局居然胆敢把自己的标志设计成一只展翅高飞的雄鹰。是不是啊？它怎么看都更应该是一个正在打瞌睡的懒汉才对啊。邮局让我觉得很不爽是因为它是垄断经营。如果它要像一个真正的企业那样运营，其难度应该和在印度成功开一家牛排店差不多。

C–D “邮局服务”这个词语中的“邮局”和“服务”其实是一对反义词。

F–F 我当时已经排队排了 10 分钟了，但是队伍却变得越来越长，所以我喊道：“队伍越来越长了，是不是该请你们关掉其中一个窗口呢？”他们就真的关掉了一个窗口。

D–C 为了换个话题，我问他，为什么那些设计邮票的艺术家从来没有纪念过邮局呢？他说，我想他们可能是担心人们把口水吐在邮票上错误的一面吧。

F–F 还有一些事情让我觉得很烦恼，为什么邮局有很多纪念玛丽莲·梦露和马丁·路德·金的名人系列邮票，我想知道的是查尔斯·曼森的系列邮票在哪里呢？他也是一个名人啊！

以及最后一个“隆胸”笑话里的其中一个连续笑点：

F–F 这样我也会考虑成为一个集邮爱好者。

重写笑话

对于重新加工或排练笑话，我用“重写”这个词，对于整段表演的整理，我用“重排”这个词，它们在这里是分开讨论的，但在实际运用中，这些任务是并行的。当你重写一个笑话，你会需要重新编排整段，而当你重新编排整段时，你会需要再重写一些段子，以便它们在新的上下文中更加合理。

如果一个笑话没有效果，原因往往不是单一的，“这个笑话没人笑，所以就去掉吧。”在把这个笑话剔除出你的表演之前，分析一下它没有效果的原因。通过表演，你可以从中筛选出很多信息。多得惊人。如果你通过直觉觉得这个段子很好，或者你有信心让它卷土重来，不妨试试在不同的场合表演一下，看你能不能让它变得好笑。下面是一些建议。

确定这个笑话能让人听清楚

回顾一下演出，看看你有没有漏说某个关键词，或者无意中嘟囔了些什么。这种事情出现的频率高得惊人，观众对于一个听都听不清楚的笑话，那是肯定不会笑的。

参考第 4 章的指导原则

对每一个没有达到预期效果的笑话，参考第 4 章讨论过的技巧，问自己几个问题：这个笑话够简洁吗？笑话的“底”是不是在笑点的结尾才揭示？是不是有含混不清的指代？笑话的某些词句是不是可以换成更铿锵有力的字眼？改成不同视角的演绎效果会不会更好？等等。如果你发现某个指导原则合适，那就用它来重写段子吧。

把笑话放到笑话图解里

另一个方法是把笑话放到笑话图解里分析，从笑话结构的不同方面去问相关的问题。笑话的每一个部分是不是都在起作用？铺垫有没有建立一个明确的目标假设？有没有清晰的连接点？对连接点的重新解读是否令人意外？笑点有没有完全揭示了故事 2 ？会不会有另外一个情境或故事，能令再解读的意思表达得更好？

下面是我邮局那一段里剩下的段子，重写过的部分我用下划线表示。我重写下面这些段子的原因是，我觉得里面的想法是很搞笑的，而且我知道自己能让它们获得更好的反应。

C–C 有一天，我正在邮局排队，我浏览他们的照片墙，特别留意到了一张绷着脸、恶心、下作的照片，喔，原来是他们的当月最佳员工。

当一个笑话有如此明确的目标假设、连接点和再解读，如果它还不能获得应有的笑声，我认为这是由于我表达得不够清晰所致，于是我重写成了这个版本。

我排队的时候注意到墙上张贴着一张狰狞的面部特写照片……通常你们把这叫作什么？（我在引诱某个观众回应："大头贴"或"犯罪照片"或"通缉海报"，然后我就可以说：）哦，当月最佳员工。

接下来四个笑话都获得很好的反应，那么我们就做维持原状吧。

C–B 也许我们现在对邮局的人太苛刻了。邮递员其实挺有效率的。我是说他们用枪的时候。

C–B 嘿，他们的口号就是这样啊：无论风霜雨雪，还是昏天黑地都阻止不了他们的子弹。

B–C 但是我不理解的是，怎么会有这么多邮局的员工会被同事杀掉，他们应该是被满腔怒火的顾客杀掉才对。

A–A 听到我喷了这么多邮局的事情，一名邮局员工跟我说："你不能侮辱我们邮局员工。"我说："为什么不行？"他说："因为我们知道你住在哪里。"

这个笑话后面引出的连续笑点获得的效果差了一点。

C–A 我说："得了吧，即使你跟在我后面，你最后也只会走错到别人家的门口。"

下面我重写后的笑话。如果这个版本没有获得更好的反应，我随时可以把它去掉，或者还是用原来的版本。

<u>“千万别雇杀手来对付我哦，我怕你把他送错地址呢。”</u>

下一个笑话效果还可以，但它需要一些介绍，因为原笑话有一部分来自于“查尔斯·曼森”那个笑话，所以我把它从这段表演里剔除掉了。

C-C 还有，邮票上只有像轧棉机或蒸汽机那些老式的发明。为什么就不能有一些现代的重要发明呢？比如说隆胸？

于是我简单地把曼森笑话的介绍部分提升上来，放在这个笑话前面了。

<u>还有一些事情让我觉得很烦恼，为什么邮票上只有像轧棉机或蒸汽机那些老式的发明，那些重要的现代发明呢？比如说隆胸？</u>

下面的笑话，即前面笑话的连续笑点，应该能获得更好的反应。

D-D 他们可以把隆胸邮票成双成对发行。

于是我这样重写了一下。

<u>它们可以成为世界上第一批成双成对发售的邮票。</u>

重写笑话并不是一项精确的科学，它和初次创作有同样多的尝试和错误。幸运的是，如果你把段子改差了，你可以随时用回原来的段子，或者再尝试另一种改法。

重新编排整段表演

出于很多原因，你需要重新编排某段主题表演里的段子，或者重新编排整个表演里的某些段落。例如，当你写了新的段子和改进了老段子或段落后，原来属于 A 级内容的某些段落可能会降为 B 级，因此你需要改变它们在整个演出里的顺序，或者你需要在某些固定段落里插入一些新的段子，等等。为了让这些新段子起作用，你可能要重新编排这段表演的部分内容。

有人说，观众会在你开始表演的 30 秒之内就判断你是否有趣，这个判断会影响你接下来整个表演的效果，而且你很难改变这个判断。所以，一开场就要用非常强的段子，这点非常重要。但是，观众能记得并用来判断你的，却总是你在舞台上最后几分钟的表演，有些观众认为这部分的表演甚至比开场段子还重要，这就是为什么脱口秀演员通常把他们最好的段子都安排在最后表演。下面这些工具有助于你重新编排你的表演。

按 B、C、A 的顺序编排

在了解过如何把脱口秀段子分为 A、B、C 三级后，你现在要学习的是如何把它们编排成 B、C、A 的顺序。一个令人竖起拇指称赞的脱口秀表演，它应该是以你第二强的段子或 B 级的段子开场，把你最弱的段子或 C 级的段子放在中间，然后用你最好的或 A 级的段子结尾，因此，一段或整场表演的段子应该按照 B、C、A 的顺序来安排。

这样做是很合情理的，因为如果你用 C 级段子开场，你就会失去观众，但你又不想一开始就给他们讲 A 级的段子，这样接下来你就没有更强的段子了，演出结束时就会给人一种戛然而止的感觉。如果你用 B 级段子让观众笑了起来，这多少会让你的 C 级段子变得更好笑，这样你就能用 A 级段子把自己推上顶峰并结束演出。

用图形展示你的表演

用图形展示是一个很棒的技巧，能让你按照整体有效性来安排你的演出，具体做法就是回听你的演出，给每一个段子从最不好笑到最好笑来打分，然后给每一个打分都用一个点在纸上显示，最后会得出一个图形。这个图形不用弄得十全十美，这只是一个能看出你的演出效果如何爬升和跌落的简单方法。

如果你的演出图形好像图解 13 这样：

图解 13

那么你的演出节奏就有问题，因为演出是中间部分比较搞笑，你需要重新安排笑话的顺序，这样演出才能以那些获得最大笑声的笑话作结尾。

你的演出图形应该如图解 14 所示：

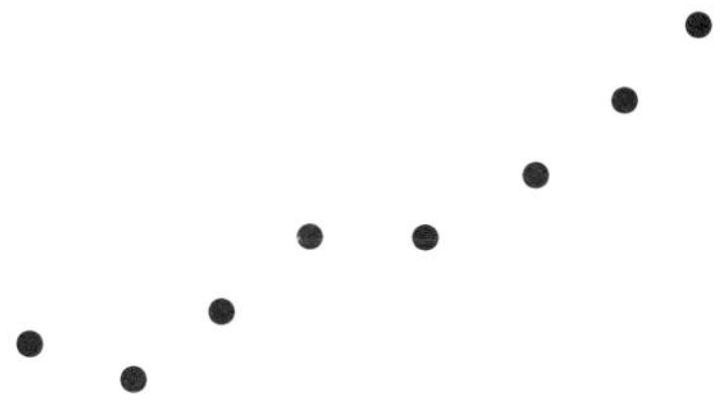

图解 14

这种类型的演出效果是稳步向上的，有些笑话会获得效果相同的反应，但没有一个笑话会比之前的笑话获得明显减少的笑声。演出就应该这样，一步一步获得更大的笑声，最后获得最大的笑声而结束。

吊床策略

吊床策略是说把一些较弱的或有风险的段子放在已经验证过效果的和真正好的笑话或段落之间，采用这种安排的原因有几个：

- 如果你在试新段子，如果在讲这些段子之前你已经令观众发笑了，这些新段子就有机会获得不错的反应。就算这些新段子彻底没效果，后面紧跟着的强段子也会让你的表演回到正轨。

- 如果你想尝试与观众互动，选择在两段效果比较好的笑话之间进行，这能让你带着良好的效果开始，然后全身而退。如果你的互动失败了，你还能回到表演的正轨上来；如果你做得不错，那就可以继续互动。记住，你的任务是搞笑，不是纯粹做你的表演。

- 当你需要把时间占满，例如，当你仅有 25 分钟的好段子，但你预订了一个 45 分钟的演出，你就需要把你所有想得到的东西都扔进去。因为你是艺术家，这种对自己的挑战是非常好的，但压力非常大。一个能让你的表演时间延长的方法，就是把不够确定的段子用吊床策略安排，这样它们处于强段子的包围之中，能获得持续的笑声。

把与性相关的段子放到最后

当你在编排演出内容时，还有一些值得考虑的东西：人们对于与性相关的段子，会比那些与性无关的段子笑得更大声。由于这个原因，你应该在演出结束时才安排那些与性相关的段子。为了验证这个理论，随便租一盒理查德·普赖尔的专场录像带看看，他在结束时总是说一些男性生殖器的笑话。再看看杰·雷诺在《今夜秀》的单口小段，十次有九次，他都会以一个与性相关的段子博得满堂笑声，然后结束表演。

这不是说你应该以猥琐的段子来结束你的演出，与性相关的段子是可以做到欢乐而不下流的。但不管是欢乐还是猥琐，用与性相关的笑话来为你的表演作结尾吧。

把有争议性的段子用于结尾或放到靠近结尾的地方

争议性的段子往往在观众已经接受你的情况下才会获得较好的效果，有些段子如果用来开场，会让观众对你产生疏离感。如果要它们有效果，必须是和观众成为朋友之后才行。

有了这些规则，我把剩下的段子安排成了一段表演。当我浏览这些段子时，我觉得可以找到一个关于我在邮局的故事线，最后以我跟邮局员工的冲突作为结束。

为了让这个故事合情合理，我要找到一个我去邮局的理由，这样其他关于我在邮局的笑话才能相应地发生，这意味着我要写一个新的介绍来开始这段表演。下面就是我想出来的方式。

昨天，我去邮局买邮票。当时我在排一条长队，那队伍长到快要排到地平线尽头了。为了自娱自乐一下，我开始想，为什么邮局发行的邮票上只有像轧棉机或蒸汽机那些老式的发明，嘿，为什么就不能有一些现代的重要发明呢？比如说隆胸？它们可以成为世界上第一批成双成对发售的邮票。当然，男人们会把邮票的两面都舔一舔。然后，我注意到墙上张贴着一张狰狞的面部特写照片……通常你们把这叫作什么？

（我在引诱某个观众回应："大头贴"或"犯罪照片"或"通缉海报"，然后我就可以说：）

哦，当月最佳员工。也许我们现在对邮局的人太苛刻了。邮递员其实挺有效率的。我是说他们用枪的时候。嘿，他们的口号就是这样啊：无论风霜雨雪，还是昏天黑地都阻止不了他们的子弹。但我不理解的是，怎么会有这么多邮局员工会被同事杀掉？他们应该是被满腔怒火的顾客杀掉才对。听到我喷了这么多邮局的事情，一名邮局员工跟我说："你不能侮辱我们邮局员工。"我说："为什么不行？"他说："因为我们知道你住在哪里。"我说：

“千万别雇杀手来对付我哦，我怕你把他送错地址呢。”

由于“我们知道你住在哪里”这个笑话获得了最大的笑声，我决定以这个笑话作为结束，就这样吧。这段表演仍然需要更多的打磨，但这就是目前能做到的样子了。

当然，你也可以只是在家里做这样的摸索，但真正有效地评价一场表演的方法是上台表演。

再次排练和表演

为了强调打磨演出是一个循环的过程，我把这个方法也包括进来。现在我的演出有了一个新的版本，我会再次进入我的排练流程，然后去某个俱乐部表演几次，然后，我会再次回顾我的表演，然后再重新打磨。

要尽可能多地去俱乐部表演，表演得越多，你的表演就会越好，反馈越多，你就能更多地了解到哪些地方可行，哪些地方行不通。

刚开始时，每一两场演出之后你都需要改编，重写段子和重新排练。当你表演了很多次以后，需要做大修改的地方会越来越少。很快你会开始打磨自己的表演技巧，懂得如何让每一个单独的段子都获得巨大的笑声，你将会像一个职业演员那样发光发亮。

很感谢大家对我的宽容，一直以来，我都沉迷于探寻喜剧背后的结构，我知道很多人都快被我逼疯了，因为我会在夜里随时打电话问他们问题，东拉西扯地说一大堆不成形的理论。我对揭示这些技巧的热爱来自于我和朋友们长期的探讨与交流，特别要感谢我的朋友、喜剧理论家副手 Frank Miles，他负责书中某些理论的撰写以及本书的部分重写。感谢 Gayla Johnson（我生命的挚爱），Andy Davis（他从最开始就跟我一起研究了），Bill Fulco（唯一一个比我走得快也比我讲得快的人），还有周五观影团的成员：Bennett I.Goldberg，Jeff Weakley 和 Derek Loughran。

同时，我还要感谢以下这些人的支持：Doug Gotthoffer，Dan Goldman，Will Patrick，Allan Murray（以及他的夫人的关爱），Ricky Patton，Tyrum Dean，Dona Silvers（妈妈），Michael Davis（能搞定大事的人），Frank Olivier 和 Mark Whalen。

我要对这几个人的鼓舞和激励表示由衷的感谢：Judy DeLozier，Phil，Norma Barretta 和 Buddha。当然，还有 Ingrid Reese，感谢她在校对和编辑时表现出来的节奏感。我还要感谢 Victor Raskin，我的很多喜剧模型都是受他的“幽默语义学理论”启发，在其基础上取得突破的。特别感谢 John Grinder 和 Richard Bandler，他们联合创立了“神经语言程序学”（NLP）。如果我在没有思维导图专家的帮助下自行制作思维导图，我的工作将变成一件不可能完成的任务。特别感谢 John Grinder 的贡献，当我在建立喜剧模型以及随后开展练习时，他特别开小灶给予了我帮助。在商业方面，感谢我的经纪人 Scott Edelstein 和出版商 Lisa Barnet，他们极具价值的建议让我这本书得到很大提升。最后，我要感谢我所有的学生，在允许我向他们学习的同时，他们还向我付费。谢谢大家！

STEP BY
STEP
TO STAND-UP
COMEDY

——译者后记

2011 年左右，我们三位译者（程璐、冯立文、梁海源）开始了自己的脱口秀之路，当时脱口秀方面的学习资料特别少，几乎没有中文资料，大家的脱口秀练习基本处于自我摸索阶段。2014 年，我们在取得了作者格雷格·迪安（Greg Dean）的授权后开始翻译《手把手教你玩脱口秀》这本书，因为我们发现这本书非常适合脱口秀初学者，当时我们没有任何翻译费用，只是很想能有更多的爱好者加入进来，一起来做脱口秀。2015 年，《手把手教你玩脱口秀》通过香港的出版社出版（当时我们联系过的内地的出版社都觉得这本书太小众，不愿意出版），首批印刷了 1000 本。由于是港版书，我们没法通过内地的发行渠道销售，只能在逗伴脱口秀的微店上售卖。这是这本书一直以来唯一的销售渠道，也是我们在服务上特别怠慢的原因。如果你曾因为售后问题在微店的后台上跟我们留言吵过架，我们可以在这里郑重承诺：那是我们其中某位译者亲自打的字。记得当时还有人留言投诉："为什么收到的书上有译者的签名！退款！"

可以说，这本纸质书的问世经历了相当大的波折。更大的波折是出版后不到一个月，就有人扫描了全书并在微信群和 QQ 群分享。整整过了两年时间，因为一个偶然的机会，我们才找到了始作俑者，他（被迫）向我们真诚地道歉，并尽其所能的堵住了这个扫描本的网上传播渠道。然而不到半年，又有人把全书重新扫描了一版，在脱口秀爱好者的群里分享。这两次事件让我们明白，大家非常渴望学习脱口秀，但只要这本书不容易买到，这种类型的侵权行为就不会终止。我们开始重新寻求在内地出版这本书的途径。非常非常感谢笑果文化和张绍刚老师的帮助，这本书得以通过湛庐文化在国内正式出版。

从 2015 年到 2018 年，三年的时间里，国内脱口秀的环境发生了很大的变化，我们也从当初的业余爱好者变成了全职的喜剧编剧和脱口秀演员，在国内大热的一些喜剧节目里，如《吐槽大会》《今夜百乐门》《脱口秀大会》等，担任首席编剧，甚至会亲自出镜。我们用事实证明了《手把手教你玩脱口秀》的作用，所以，如果你也想从事喜剧行业，一定要像我们这样，先学好英语，然后翻译一本喜剧巨著！

《手把手教你玩脱口秀》是一本很专业的脱口秀入门书籍，可以说是手把手，一步步地教大家如何从脱口秀新手成长为一名脱口秀演员。而最新的的这一版尽最大可能地改掉了港版书中存在的各种排版、校对和翻译错误，我们也根据中文语境增加了一些新的笑话例子，希望大家能通过阅读本书，享受到学习脱口秀的乐趣。最重要的是，一定要听从作者的建议，尽快走上舞台去练习脱口秀。最后，衷心希望能在脱口秀的道路上遇到你，并肩前行！

程璐　冯立文　梁海源
2017 年 12 月

STEP BY
STEP
TO STAND-UP
COMEDY

—— 附录 1

笑话宝藏练习题

拿出一张纸，把下面的铺垫填进后面的横线中，然后为每一个铺垫都写一个笑点。

我开车穿越了一个禁止外人进入的地方。

我被困在医院一个星期。

在父亲节的时候，我带我的父亲外出了。

1. 选择一个铺垫，列出各种假设："对于这个说法我会有什么样的假设？"

铺垫：______________________________

假设：______________________________

2. 选择一个目标假设，找出连接点："是什么令我产生这个目标假设的？"

目标：______________________________

连接点：____________________________

3. 列出几个对连接点的再解读："除了目标假设以外，还有哪些针对这个连接点的再解读？”

再解读：______________________________

4. 选择一个再解读，完成一个故事 2："关于这个铺垫，有什么具体的情景可以解释我的再解读？”

铺垫：______________________________

再解读：______________________________

故事 2：______________________________

5. 写一个笑点来阐述这个故事 2："在铺垫之余，还需要什么信息来讲清楚我的故事 2？”

铺垫：______________________________

笑点：______________________________

STEP BY STEP TO STAND-UP COMEDY

—— 附录 2

笑话地图练习题

A. 列出话题（单个话题——里面包含“错误”的——不含观点的）：

“有些什么事情是我认为不对的，而我又很有兴趣谈论的呢？"

话题：________________________________

B. 挑一个话题，再列出一个话题关联清单

话题：________________________________

清单：________________________________

C. 创作一些笑点前提（缩窄了范围的——负面观点——不含具体例子的）

“关于这些缩窄了范围的话题，我能为它们加上什么样的负面观点呢？”

笑点前提：____________________________

D. 为每个笑点前提创作一个铺垫前提（对立的观点）

“我选定的这个笑点前提，它的对立观点是什么？”

铺垫前提：________________________________

E. 选择一个铺垫前提，并写出一系列铺垫

“有些什么例子或者说法能表达我的铺垫前提？”

铺垫前提：________________________________

铺垫：____________________________________

带着你这些铺垫去练习笑话宝藏（回看附录 1）

STEP BY
STEP
TO STAND-UP
COMEDY

—— 附录 3

视角练习单

选择一个争论：

◎ 在你和一个成人之间发生

◎ 对方必须是一个你可以演绎的人

◎ 争论必须是面对面站着发生（不是打电话）

◎ 有多个议题

笔记：

第一轮：仅本人视角

◎ 你在和谁争论?

◎ 争论发生在哪里?

◎ 你们在争论什么?

◎ 三四分钟

◎ 开始

笔记：

第二轮：仅角色视角

◎ 选择一个不同的声音和姿势

◎ 站在对面

◎ 从角色视角的角度出发

◎ 三四分钟

◎ 开始

笔记：

第三轮：本人视角和角色视角

◎ 两个视角间距离一步

◎ 演绎角色视角时，改变你的声音和姿势

◎ 让笑点出来

◎ 四五分钟

◎ 开始

笔记：

第四轮：本人视角、角色视角和叙述者视角

◎ 确定叙述者视角、本人视角、角色视角的舞台位置和观众的位置

◎ 以叙述者视角向观众讲话，构建场景

◎ 本人视角和角色视角来回转换

◎ 五六分钟后，跳出到叙述者视角做一些评价

◎ 六到八分钟

◎ 开始

总结笔记：

STEP BY STEP TO STAND-UP COMEDY

—— 附录 4

排练流程单

通过排练，把后面的段子变成你的感官体验，让它像发生在你身上一样。

阶段一：准备

指定批评者位置（■）和排练空间（●）

■ 准备一个要排练的段子或段落

■ 确定是什么样的体验引发了这个段子

“为了让我对这个段子有感觉，我应该有什么样的体验？”

■ 探索体验的细节

“在这次体验中有谁，或者暗示有谁？”“这次体验发生在哪里？”

■ 决定如何再现这个体验

“我想如何再现这个体验？”

阶段二：再现体验

● 演绎本人视角

“我在这次体验中扮演什么角色？”

■ 评估

“我角色的表演方式能让我对这个段子有感觉吗？”

● 演绎角色视角

“在这次体验中，其他人或物是如何表现的？”

■ 评估

“我演绎角色视角的方式能让我对这个段子有感觉吗？”

● 演绎叙述者角色

“我想用什么样的讲述方式？”

■ 评估

“我对三个视角的演绎方式能让我对这个段子有感觉吗？”

阶段三：练习表演

■ 决定如何将这次体验传达给观众

“我想如何通过演绎三个视角的方式来表演这个段子？”

● 表演这个段子或段落

■ 评估表演

“我有没有简洁有序地把这次体验传达给观众，同时又保持了段子的结构？”

对下面的段子进行排练：

“每个男人都应该有个老婆——最好是自己的。”

“每个矮子心里都住着一个巨人，弯腰驼背的巨人。”

“我朋友说我疑神疑鬼……好吧，其实我也不确定是不是真有听到他们这么说。”

“你孩子的保姆想知道你把灭火器放哪里了。”

STEP BY STEP TO STAND-UP COMEDY

附录 5

脱口秀术语表

故事 1（1st Story）：观众根据笑话的铺垫在脑海中想象出来的情形

故事 2（2nd Story）：观众根据笑话的笑点在脑海中想象出来的情形

即兴（Ad-lib）：在有准备稿子的表演中现场编段子

假设（Assumption）：1. 观众认为故事 1 会沿着预定的故事线进行而产生的预期；2. 人们在当下一刻没有体验到的事情

停顿（Beat，Take a）：暂停，为了喜剧节奏而停下来

脱口秀段落（Bit）：一场脱口秀或一个脱口秀话题的部分，一个短的话题段落或脱口秀段落的一部分

重口味（Blue Material）：有露骨的性暗示、屎尿屁和脏话的段子

冷场（Bomb）：表演脱口秀的时候没有或者很少有人笑

俱乐部老板（Booker）：雇用或者付钱给脱口秀演员在俱乐部讲段子的人

反复或扣题（Callback）：在段子中提到前面讲过的一个段子；

常常是在一个不同的背景中把原来的段子再涉及一次

兜底段子（Capper）：一个比较老的术语，一个话题下的最后一个段子，用来结束这个话题的最有效果的段子

标志性名言（Catch Phrase）：脱口秀演员将一句普通的话以不普通的方式讲出来，从而变成自己的标志

角色视角（Character POV）：扮演其他人或其他事物时所处的感知地位

收尾段子（Closing Line）：一场脱口秀表演的最后一个段子，应该能引起爆笑

喜剧演员（Comedian）：以喜剧角色去娱乐他人并以此为生的人

脱口秀演员（Comic）：以讲段子去娱乐他人并以此为生的人

连接点（Connector）：位于一个段子的中间，可以至少有两种解读的点。一种解读方式构成目标假设，第二种解读方式呈现再解读

批评者位置（Critic Spot）：用于评估表演的位置；和排练空间区分开

浑身冒汗（Flop Sweat）：因为冷场造成的焦虑反应，过量冒汗

失败（Flopping）：冷场；没有获得笑声

笑话文件（Gag File）：放段子的文件

梗（Gag）：段子

商演（Gig）：商业表演

图形化（Graphing）：一种通过在纸上画点来评估段子有效性的工具，利用这一工具确定段子在一个主题或一场表演中的位置

老掉牙（Hack，Hackneyed）：因过度使用而掉价的；陈词滥调的

吊床策略（Hammocking）：一种技巧，把弱一些的段子放到两个比较强的脱口秀段落中间

压轴表演者（Headliner）：一场脱口秀最后一个表演者，通常是明星脱口秀演员

起哄者（Heckler）：大声说话干扰表演的观众，通常会和脱口秀演员相互吐槽

即兴表演（Improvisation）：类似于即兴（ad-lib），但通常指整段脱口秀或喜剧表演都是基于现场和观众的互动而临时创作

内部段子（Inside Joke）：只有特定群体的人才能理解的段子

笑话（Joke）：一种幽默表达方式，利用铺垫的目标假设误导观众接受故事 1，再用笑点的再解读产生故事 2 打破目标假设

笑话图解（Joke Diagram）：用来解释笑话结构的一种视觉辅助方法

笑话文档（Joke File）：存在索引卡或电脑里的笑话

笑话地图（Joke Map）：笑话勘探器写作系统的第一部分，从话题开始，创建笑点前提，形成铺垫前提，最后写出笑话的铺垫

笑话宝藏（Joke Mine）:笑话勘探器写作系统的第二部分，利用笑话的目标假设、连接点和再解读机制写出笑点

笑话勘探器（Joke Prospector）：一种笑话写作系统，包括两部分：笑话地图和笑话宝藏

假；狂热粉（Jokey）：1. 用于形容痕迹太明显的笑话的形容词，听完这样的笑话后甚至会想到紧接着出现一声乐器敲击的背景音；2. 脱口秀演员的疯狂粉丝

爆场（Kill）：进行精彩的脱口秀表演

每分钟笑声数（Laughs Per Minute）：用来计算表演中笑声次数的衡量工具，简称 LPM

上台名单（Lineup）：要上台表演的脱口秀演员名单

主持人（M.C.）：介绍表演者上台的人

中间表演者（Middle）：在由三个脱口秀演员表演的标准脱口秀演出中，第二个上台的演员

麦（Mike）：麦克风的简称

独白（Monologue）：一个人的讲话，在喜剧领域，指的是单个脱口秀演员的脱口秀稿

叙述者视角（Narrator POV）：作为一个体验的观察者或非参与者的感知角度

神经语言程序学（Neuro-linguistic Programming）：简称 NLP，由约翰·格林德（John Grinder）和理查德·班德勒（Richard Bandler）创立的包含一系列技巧和技术的行为模型，是对思想结构的一种研究和定位追踪

巡演（On the Road）：在演员所在城市之外连续演出

一句话笑话（One-liner）：只由一两句话构成的笑话

单个晚上的表演（One-nighter）：只表演一个晚上的工作

开放麦（Open-mike）：让所有人都能上台表演并锻炼脱口秀的活动

开场表演者（Opener）：在由三个脱口秀演员表演的标准脱口秀演出中，第一个上台的演员

开场段子（Opening Line）：主题脱口秀的第一个段子

暂停（Pause）：表演中停止讲话，提升节奏感

视角（POV）：观点角度

前提（Premise）：能引发一系列段子或一段主题脱口秀的核心概念

笑点（Punch，Punch Line）：笑话的第二部分，包含一个创造故事 2 的再解读，打破铺垫的目标假设

笑点前提（Punch-premise）：笑话地图中的一步，关于一个话题中的一个点

的负面意见

常驻表演者（Regulars）：俱乐部里定期来表演的脱口秀演员

排练空间（Rehearsal Space）：用来排练表演的一个位置；和批评者位置（Critic Spot）区分开

再解读（Reinterpretation）：笑点的一个机制，揭示连接点意料之外的解读，用于打破目标假设

再解读（Reinterpretations）：关于连接点的多种不同解读，是目标假设之外的解读

底（Reveal）：笑点中的关键词、短语或动作，揭示故事 2 的再解读

互动（Riffing）：口头调侃观众

取笑（Rip into，Ripping）：攻击、侮辱或口头调侃起哄的观众或者冷场的演员，通常是被取笑的人咎由自取

连续出笑点（On a Roll）：讲一连串的段子，让观众不断地持续发笑

主题脱口秀段落（Routine）：同一个主题的段子，通常可以定期重复表演

多次反复（Running Gag）：多次使用反复（Callback）；同一场表演多次出现的段子

滑稽（Schtick）：希伯来语，一个喜剧场景；通常指的是肢体喜剧

串词（Segue）：从一个段子过渡到另一个段子，或者从一个主题过渡到另一个主题时过渡性的话

本人视角（Self POV）：表演时作为参与体验的本人的感知角度

一段脱口秀（Set）：任意长度的脱口秀

铺垫（Setup）：笑话的第一部分，包含一个目标假设来误导观众接受故事 1

铺垫前提（Setup-premise）：笑话地图中的一步，与笑点前提相反的观点，用来写出铺垫

打破（Shatter）：跟笑话结构有关，观众意识到自己的假设是错误的那一刻

展演（Showcase）：为了获得经验或者被潜在雇主发现而表演脱口秀，通常不收费或者费用很少

演艺俱乐部（Showcase Club）：会有 10 个或 10 个以上演员连续登台的喜剧俱乐部

视觉梗（Sight Gag）：需要看的肢体笑话

舞台时间（Stage Time）：脱口秀演员花在舞台上逗观众笑的时间，以分钟为单位

连续笑点（Tag, Tag Line，Topper）：在一个笑点之后再加上的后续笑点，无须新铺垫

喜剧表情（Take）：喜剧演员的面部反应

目标假设（Target，Target Assumption）：笑话铺垫中的误导性假设，用于创建故事 1，会被再解读打破的假设

轻视（Throw away）：对通常认为重要的点不重视

时间档（Time Slot）：脱口秀演员在表演俱乐部上台名单中所占据的表演时间段

节奏（Timing）：节拍、韵律、停顿等，用于提升段子效果，或者在具体表演中使用，例如非洲舞和非洲鼓

话题（Topic）：一段针对某个问题的脱口秀的单个或整体话题

时事段子（Topical）：关于热点事件的段子

未来，属于终身学习者

我这辈子遇到的聪明人（来自各行各业的聪明人）没有不每天阅读的——没有，一个都没有。巴菲特读书之多，我读书之多，可能会让你感到吃惊。孩子们都笑话我。他们觉得我是一本长了两条腿的书。

——查理·芒格

互联网改变了信息连接的方式；指数型技术在迅速颠覆着现有的商业世界；人工智能已经开始抢占人类的工作岗位……

未来，到底需要什么样的人才？

改变命运唯一的策略是你要变成终身学习者。未来世界将不再需要单一的技能型人才，而是需要具备完善的知识结构、极强逻辑思考力和高感知力的复合型人才。优秀的人往往通过阅读建立足够强大的抽象思维能力，获得异于众人的思考和整合能力。未来，将属于终身学习者！而阅读必定和终身学习形影不离。

很多人读书，追求的是干货，寻求的是立刻行之有效的解决方案。其实这是一种留在舒适区的阅读方法。在这个充满不确定性的年代，答案不会简单地出现在书里，因为生活根本就没有标准确切的答案，你也不能期望过去的经验能解决未来的问题。

湛庐阅读APP：与最聪明的人共同进化

有人常常把成本支出的焦点放在书价上，把读完一本书当做阅读的终结。其实不然。

时间是读者付出的最大阅读成本
怎么读是读者面临的最大阅读障碍
“读书破万卷”不仅仅在“万”，更重要的是在“破”！

现在，我们构建了全新的“湛庐阅读”APP。它将成为你“破万卷”的新居所。在这里：

- 不用考虑读什么，你可以便捷找到纸书、有声书和各种声音产品；
- 你可以学会怎么读，你将发现集泛读、通读、精读于一体的阅读解决方案；
- 你会与作者、译者、专家、推荐人和阅读教练相遇，他们是优质思想的发源地；
- 你会与优秀的读者和终身学习者为伍，他们对阅读和学习有着持久的热情和源源不绝的内驱力。

从单一到复合，从知道到精通，从理解到创造，湛庐希望建立一个“与最聪明的人共同进化”的社区，成为人类先进思想交汇的聚集地，共同迎接未来。

与此同时，我们希望能够重新定义你的学习场景，让你随时随地收获有内容、有价值的思想，通过阅读实现终身学习。这是我们的使命和价值。

湛庐阅读APP玩转指南

湛庐阅读APP结构图:

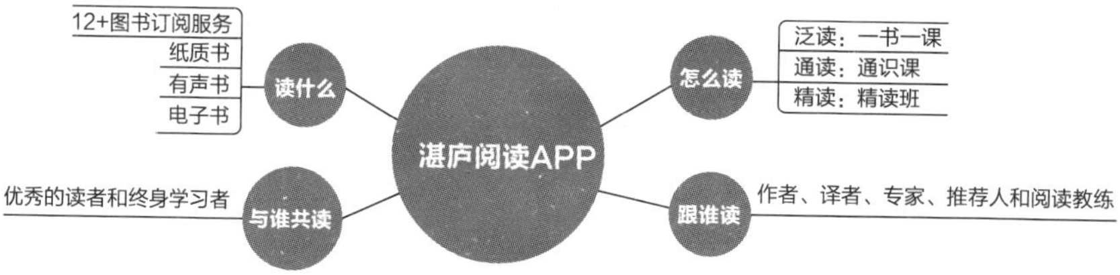

三步玩转湛庐阅读APP:

APP获取方式：

安卓用户前往各大应用市场、苹果用户前往APP Store
直接下载“湛庐阅读”APP，与最聪明的人共同进化!

使用APP扫一扫功能，遇见书里书外更大的世界！

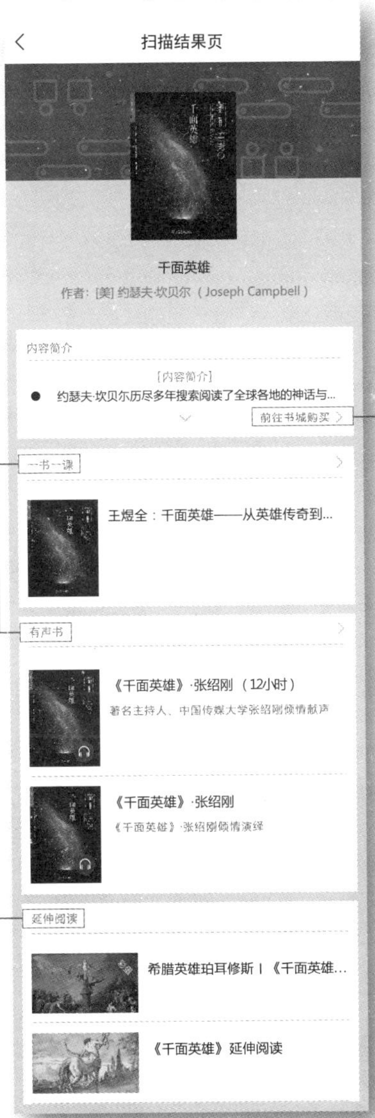

快速了解本书内容，
湛庐千册图书一键购买！

大咖优质课、
献声朗读全本一键了解，
为你读书、讲书、拆书！

你想知道的彩蛋
和本书更多知识、资讯，
尽在延伸阅读！

延伸阅读

《TED演讲的秘密：18分钟改变世界（双语版）》

◎ 首部全面解析TED演讲的实践力作！

◎ 你也许永远没有机会登上TED舞台，但你依然需要用激励他人的方式去传递自己的想法。

◎ 本书从内容和技巧两方面入手，揭示演讲内容打动人心的秘密，分析演讲者引爆现场的技巧。

使用"湛庐阅读"APP，
"扫一扫" 获取本书更多精彩内容
ISBN 978-7-300-24870-7

《演讲中最重要的事》

◎ 世界知名演讲教练魏斯曼提炼出75节长短合适、简单易用的演讲技术课程，并在4个致胜演讲的关键领域提供了无价的实际经验。

◎ 本书以其丰富的演讲教练经验向世人全面展现他的思想精华所在。

◎ 李开复及红杉资本、惠普等中外知名企事业家联袂推荐。

使用"湛庐阅读"APP，
"扫一扫" 获取本书更多精彩内容
ISBN 978-7-300-18302-2

《影像叙事的力量》

◎ 多媒体影像时代必读的生存指南。

◎ 领先世界的影像教育大师亲传"没有文字的说服艺术"。

◎ 国际导演斯皮尔伯格、马丁·斯科塞斯、乔纳森·戴米倾情推荐！

使用"湛庐阅读"APP，
"扫一扫" 获取本书更多精彩内容
ISBN 978-7-213-07981-8

《创意，是一笔灵魂交易》

◎ 创意领域的永恒经典。本书畅销20多年，是关于创作与创意的永恒经典。

◎ 幾米、李欣频推崇的精神导师、创意教母，写给创作者的永恒经典，感动200万读者的创意课与心灵修行课。

◎ 只要你认真完成本书每堂课中的练习，完成每堂课中的任务，接受每堂课中的验收，就能一点一点地唤醒创意，循序渐进地重拾创作力，打通创意瓶颈。

使用"湛庐阅读"APP，
"扫一扫" 获取本书更多精彩内容
ISBN 978-7-300-15745-0

图书在版编目（CIP）数据

手把手教你玩脱口秀 /（美）格雷格·迪安著；程璐，冯立文，梁海源译．——杭州：浙江人民出版社，2018.1

ISBN 978-7-213-08595-6

Ⅰ．①手… Ⅱ．①格… ②程… ③冯… ④梁… Ⅲ．①艺术评论－西方国家 Ⅳ．① J051

中国版本图书馆 CIP 数据核字（2017）第 329631 号

浙江省版权局
著作权合同登记章
图字：11-2017-335 号

上架指导：畅销书 / 职场

手把手教你玩脱口秀

［美］格雷格·迪安　著
程璐　冯立文　梁海源　译

出版发行：浙江人民出版社（杭州体育场路 347 号　邮编　310006）
市场部电话：（0571）85061682　85176516
集团网址：浙江出版联合集团　http://www.zjcb.com
责任编辑：蔡玲平　尚　婧
责任校对：杨　帆
印　　刷：石家庄继文印刷有限公司
开　　本：720mm ×965mm　1/16　　印　　张：16.5
字　　数：217 千字　　插　　页：1
版　　次：2018 年 1 月第 1 版　　印　　次：2018 年 1 月第 1 次印刷
书　　号：ISBN 978-7-213-08595-6
定　　价：69.90 元